写|作|论|坛

长三角研究生学术写作论坛优秀论文

（第四辑）

主编 姚 蓉 郑 维

副主编 介 凤 任红梅 万小娟

上海大学出版社

图书在版编目(CIP)数据

长三角研究生学术写作论坛优秀论文. 第四辑 / 姚蓉, 郑维主编；介凤, 任红梅, 万小娟副主编. -- 上海：上海大学出版社, 2025.6. --（写作论坛）. -- ISBN 978-7-5671-5289-2

Ⅰ. H052

中国国家版本馆 CIP 数据核字第 2025Q301U2 号

责任编辑　贾素慧
封面设计　缪炎栩
技术编辑　金　鑫　钱宇坤

长三角研究生学术写作论坛优秀论文　（第四辑）
姚　蓉　郑　维　主　编
上海大学出版社出版发行
(上海市上大路99号　邮政编码200444)
(https://www.shupress.cn　发行热线 021-66135112)
出版人　余　洋

*

南京展望文化发展有限公司排版
江苏凤凰数码印务有限公司印刷　各地新华书店经销
开本 710mm×1000mm　1/16　印张13　插页1　字数220千
2025年7月第1版　2025年7月第1次印刷
ISBN 978-7-5671-5289-2/H·445　定价　68.00元

版权所有　侵权必究
如发现本书有印装质量问题请与印刷厂质量科联系
联系电话: 025-57718484

序 言

2020年颁布的《教育部 国家发展改革委 财政部关于加快新时代研究生教育改革发展的意见》要求"将科学精神、学术诚信、学术(职业)规范和伦理道德作为导师培训和研究生培养的重要内容,把论文写作指导课程作为必修课",体现了国家对研究生学术规范培养和学术写作训练的重视。也正是从2020年开始,上海大学在上海市教育委员会的支持下,打造"长三角研究生写作能力培养学术论坛",并联合西部高校,共同发力,将论坛发展为全国研究生展示学术写作能力和创新精神的舞台,至2023年已成功举办四届。

"长三角研究生写作能力培养学术论坛"品牌活动的持续举办,离不开上海大学写作中心的组织与操持。写作中心成立于2019年10月,依托上海大学研究生院、图书馆、出版社、期刊社、文学院、外国语学院、理学院、文化遗产与信息管理学院等部门,整合上海大学图书馆资源,充分利用"伟长书屋""匡迪书屋""伟长精神学风涵养工作室"等学风建设实体平台,弘扬新时代科学家精神,践行优良学风,坚守学术诚信,服务学生写作需求。以学生写作联盟为运营主体,为学生开展文献检索、数据分析、学术规范、论文投稿等培训与辅导,教育和引导学生恪守学术道德,弘扬学术精神,促进学生的学术成长。

2021年,上海大学与喀什大学首次携手合作举办第二届论坛,有全国60余所高校300多人线上线下共同参与,覆盖范围跨越了长三角,实现了与西部高校的育人合作,开辟了新的合作育人模式。此后每届论坛,都由上海大学与喀什大学合作承办。2022年双方排除防控疫情期间各种困难,如期举办了第三届。2023年7月启动的第四届论坛,经过前期积极的宣传、推广,延续了其广泛性的特点,共收到来自国内63所高校的170篇征文,其中有2篇来自我国香港的2所高校。2023年11月2日至3日,第四届论坛暨征文颁奖典礼在上海大学图书馆报告厅顺利举办。

本届论坛由华东师范大学陈俊松教授、喀什大学研究生处处长方磊教授担任学术主持,与会专家从不同角度,分享了学术论文写作和投稿等方面的经验。南京大学赵宇翔教授做题为《国际期刊论文写作经验交流——编委和审稿人的视角》的报告,从编委和审稿人的角度,介绍国际期刊论文投稿的审稿流程、常见问题、注意事项等一系列问题。爱思唯尔政府与高校事业部许靖博士做题为《英文论文写作与影响力提升——Elsevier助力科研》的报告,围绕如何正确开启英文写作道路、利用数据库资源助力科研选题、选择合适的期刊投稿展开分享。武汉大学陈勇教授作《史学学术论文写作——以史学中的跨学科与交叉融合为例》的报告,以医疗社会史为例,就如何从其他社会科学汲取营养、如何从中西史料和语境里发现共同、继承与创新的慎与谨等三个方面问题对史学学术论文写作提出建议。上海大学钱晋武教授做《与文字结缘——兼谈科研和表达的体会》的报告,就科研选题、科研申请书(开题报告)撰写、科研论文撰写投稿和评审等问题展开叙述,分享了他与文字结缘后的喜悦。

现场还举办了"研究生学术论文写作"新书首发仪式,上海大学研究生院副院长姚蓉、上海大学出版社期刊社党委书记杨密娣、丛书主编代表姚萱及丁敬达共同为《文艺学研究论文写作:案例与方法》《汉语言文字学研究论文写作:案例与方法》《信息资源管理研究论文写作:案例与方法》《医学研究论文写作:案例与方法》4本新书进行揭幕。作为提升研究生培养质量的新举措,上海大学研究生院和上海大学出版社联合策划了"研究生学术论文写作"丛书,采用"案例+方法"的编撰模式,让论文作者现身说法,从问题意识、论证方法、创新之处等方面揭示论文的成文之道,为研究生提供可参考、可借鉴的学术写作之路。

经过6位专家的认真评审,本届论坛评选出论文一等奖3项、二等奖8项、三等奖12项,以及优秀奖27项。上海大学终身教授戴世强对获奖论文做了精彩和细致的点评。喀什大学罗健同学、李振铎同学,上海大学陈春凤同学、黄雨璇同学,华东师范大学田育珍同学作为代表获奖学生发言,分享学术写作体会。后经作者同意,会议方筛选出其中11篇论文,进行编辑,增添批语,汇成了这本论文集。

感谢上海大学海上美兰基金、上海大学邦芒教育基金(邦芒人力集团)为本届论坛提供奖学金资助。感谢学校和社会各方对本书出版的大力支持。感谢上海大学图书馆介凤老师和出版社贾素慧编辑的辛勤劳动。感谢所有为本书出版贡献力量的工作人员(恕未一一列名)。

姚 蓉

2025年4月

目 录

序言 …………………………………………………………… 姚 蓉 1

身体延伸与媒介延伸:新媒体时代的媒介—身体问题研究 ……… 陈春凤 1

数字化转型与企业出口韧性
　　——理论机制与经验证据 …………………………………… 王志强 16

中国数字经济与乡村振兴耦合协调时空演化特征及影响因素
　　研究 ………………………………………………… 罗 健 牛飞亮 38

将"速度"引入新媒体艺术研究
　　——以影像艺术中的速度问题为例 ………………………… 黄雨璇 50

比较视野下精英文学文化领导权的旁落与重建 ………………… 李振铎 69

低碳城市建设能否促进绿色城镇化发展? ……………………… 黄 兴 83

数字普惠金融与家庭消费碳排放
　　——基于中国家庭金融调查数据的实证分析 …………… 蒋青松 110

滞后的工人故事与离乡的子一代
　　——以新东北作家群为例 ………………………………… 孙若瑀 139

末世图景、数字生命与存在之思
　　——刘宇昆"末日三部曲"的后人类书写 ……………… 周雨翔 148

低碳目标下的智慧图书馆绿色发展策略 ……………………… 李嘉欣 158

高校图博档数字资源生态系统:治理逻辑及框架构建 ………… 陶佳佳 167

附　部分优秀论文摘要 ………………………………………… 178

身体延伸与媒介延伸：新媒体时代的媒介—身体问题研究[①]

陈春凤[*]

摘要：在意识哲学的深远影响下，媒介发展在总体上以"截除"肉身为代价。20世纪60年代以来，不可见的媒介系统和不可触的交互界面构成了人们所面临的媒介现实，媒介虽然容纳身体的参与但并不接受肉身的进入。在身体与媒介的断裂和矛盾关系之间，麦克卢汉坚持媒介与身体、技术与人的结对，以"媒介是人的延伸"命题开启了媒介与身体的对话。而在信息技术和生物技术的创新发展下，新媒体理论与艺术实践不断表明，不可见的媒介系统涉及身体感知的干预，不可触的屏幕可以调动视觉之外的身体感知。这些讨论与实践展现了一个连接的、开放的、有生命力的身体，构成了一次重新理解身体的过程。在新媒体语境中重新理解身体也意味着对媒介的重新理解，基于身体视角考察媒介尤其是自动化、智能化的媒介装置，关注身体感知与新媒介表征之间存在的错位和契机，以及背后的技术系统与其他因素。梳理、整合新媒体语境中对身体与媒介的再理解，构成了"媒介—身体"问题研究的重要内容。

关键词：媒介；身体；延伸；信息；新媒体艺术

引言

很难想象，仅在两个多月内，人们就见证了 Gemini 和 Sora 这两种突破性人

[①] 原题《媒介—身体：在新媒体语境中重新理解身体》，载《东南学术》2024年第3期，收入本书时略有修改。

[*] 陈春凤，女，上海大学文学院2022级博士研究生，研究方向为文艺学。

工智能产品的诞生。新兴媒介的升级变化令人目不暇接17世纪"我能被精巧设计的机器人愚弄吗?"的质疑,在今天似乎可以被替换为"我的身体会被智能机器替代吗?"的困惑。换言之,艺术装置的自动化和智能化发展正在不断强化其离身特征,而各类人工智能模型正处于这一技术发展的范畴之中。然而,现阶段技术的发展既无法实现肉身的完全信息化,艺术也无法脱离基于身体的官能感知。媒介发展"去身""离身"甚至"替身"的愿景与现实的技术实践和艺术感知之间的断裂,显示了媒介与身体之间的矛盾,这种矛盾正是当下艺术学领域备受关注的"离身"与"具身"概念的前提之一。因此,有必要以整体的视角来梳理媒介与身体之间的矛盾关系,关注理论基础和艺术实践对该问题的回应,从而尝试站在新媒体语境中对媒介和身体作出新的理解。

一、媒介及其去身体性

从效果范式上讲,作为工具的媒介是去身体的。因为媒介的工具性总是包含某种规则,带有某种目的并追求事物的稳定与精确,但具有生命特征的身体无时无刻不在活动变化。换言之,媒介与身体的关系依然涉及理性抽象与感性杂多之间的矛盾与冲突。1525年,丢勒以题为《绘画员正在描绘一幅裸体画》的版画,形象地揭示媒介(工具)与身体的矛盾。画中,画家将透视网格置于他与赤身的人体模特之间,尝试运用透视法来描绘人体;但颇具讽刺意味的是,画家手下的画纸一片空白。通过这一场景,丢勒不仅批判了当时盛行的单点透视法则,也揭示出媒介——透视网格是如何将活的身体变成石头的:透视网格可以辅以描绘出居于空间中的形体的精确线条与稳定性,但这往往会吞噬或者说"截除"活的身体的流动性与灵动性。① 这里说的"截除"一词出自麦克卢汉的著作《理解媒介:论人的延伸》。麦克卢汉以"截除"这一修辞来描述技术发展过程中媒介与身体的冲突关系。在他看来,任何技术的发明与发展既是肉体的延伸也是其截除,被延伸的肢体也是被瘫痪的部分。②

到了数字时代,不管是计算机模拟还是人工智能生成,人机交互仍主要通过

---

① 玛莉塔·史肯特、莉萨·卡莱特:《观看的实践:给所有影像世代的视觉文化导论》,陈品秀、吴莉君译,脸谱出版社、城邦文化事业股份有限公司(台北)2013年版,第175页。

② 参见马歇尔·麦克卢汉:《理解媒介:论人的延伸》,何道宽译,译林出版社2011年版,第61—62页。

图形与文字进行,身体在此过程中总体上保持不动。与此形成强烈对比的是,计算机屏幕可以呈现身体的千形万态,在"再现"的同时创造出现实肉身所没有的多种形态,表现出压倒实存的趋势。然而,这种趋势并不是从计算机出现才开始的。在机械复制时代,人使用光学仪器和电子器械(如摄影机)模拟现实。《乔西叔叔看电影》(1902)中主人公跑上影院舞台想要解救荧幕中演员的场景,足以说明机械模拟的魅力。如今,模拟现实与制造幻象成为计算机的专属领域。虽然计算机模拟以数字函数、算法和模型等内在技术结构为特点的操作方法显示出它与摄影、录像的巨大差别,但其所呈现的"眼见之实"目标,表明摄影机镜头所记录的"现实"是其技术操作基础。马诺维奇将这种现象称为照片现实主义(photorealism),即人在使用计算机建模或人工智能生成内容时,被输入的往往不是直接的经验,而是经由媒介尤其是机械性媒介所传递的经验。① 换言之,计算机模拟与生成所依赖或引以为标准的是一种"他媒介现实"。这导致计算机模拟结果呈现的不是人的感知和身体所体验的现实,而是基于前时代的媒介所呈现出的"现实"。因此,计算机运用以电影和摄影为代表的影像现实作为其模拟基础也就不足为奇了。例如,电影《侏罗纪公园》的工程师为了使"恐龙"的模拟形象与电影胶片所呈现的真实场景无缝融合,在建模时以特殊算法软化计算机生成对象的直线边缘,并在画面中添加几乎不可见的噪点等。这一切操作表明,计算机模拟的目标在于"像照相现实主义一样逼真地模拟"②。在此,身体体验被影像现实所替代。

也许有人会反驳,随着新技术的引入,用户可以通过银幕或进入镜像世界(AR)和元宇宙(VR)神话,以回应电影中乔西叔叔进入活动影像的预言。③ 并且,在现实语境中,通过各类 VR 头显和手柄,人的身体活动的确可以改变计算机生成图形的外观,身体与数字媒介、现实世界与虚拟世界构成实时、可见的交互关系。然而直至今天,身体在虚拟活动中依然没有完全摆脱"机器俘虏"的角色,身体仿佛是一个巨大的电子操作杆,为了与机器形成交互而必须使自身处于规定的位置或范围。不管是计算机模拟照片现实主义所表现的去身体化特征,还是虚拟现实活动中的肉身操作杆,相比丢勒的版画《绘画员正在描绘一幅裸

---

① 列夫·马诺维奇:《新媒体的语言》,车琳译,贵州人民出版社 2020 年版,第 201、203 页。
② 列夫·马诺维奇:《新媒体的语言》,车琳译,贵州人民出版社 2020 年版,第 201、203 页。
③ 缪贝:《重读"银幕"——兼论银幕与观众关系之变迁》,《上海大学学报》(社会科学版)2022 年第 5 期。

体画》,数字性媒介以更加隐秘的方式"截除"身体。

在媒介理论史上,麦克卢汉曾从生理学和技术使用过程两个角度来解释媒介"截除"肉身的根据所在。一方面,从生理学而言,身体在感知能力无法找到或避免刺激源时,会诉诸自我截除的能力或策略。换言之,当受到强烈刺激时,中枢神经系统会截除或隔离产生不适感的器官、感觉或技能,以一种保护模式应对外界刺激。而技术发展正是这样一种强烈的刺激,以至于令人震惊和痛苦,因此中枢神经系统必须以肉身的麻木来应对专门化刺激的挑战。另一方面,在技术使用过程中,人必须将各类媒介纳入自己的感知系统,这必然会导致身体原有感知系统的变化:感知关闭或感知位移。① 然而,麦克卢汉并未明确指出身体感知系统所接纳的媒介及其刺激为何物,这就难以解释清楚"电力时代"(麦克卢汉语)以及之后媒介的发展是如何"截除"和"去身体"的。

实际上,在数字时代,新媒介的发展在很大程度上仍依赖视觉逻辑——使物从不可见转为可见②,这种逻辑将身体感知的真实简化为视觉感知,从而"截除"身体。人机交互方式中的视觉方式(以图形、文字为主)以及计算机模拟和生成中的照片现实主义即是明证。在虚拟现实活动中,VR 眼镜和头盔宣示了视觉的特权地位,使用 VR 手套也是为了将观众的虚拟身体定位在视觉空间中。换言之,虚拟现实活动实际上是一种试图将人的各类感知转换为视觉的活动,这是数字时代视觉化逻辑的显著体现。其所带来的现实问题是,即使今天人们想在技术实践活动中调动视觉之外的体触感知,依然面临着巨大的技术困难,身体感知往往被视觉所代表。

更进一步,数字媒介的去身体性还意味着视觉真实对身体经验真实的替代。设计师戴斯克·末松(Dyske Suematsu)曾设计名为"看起来都一样"的网页(alllooksame.com),揭示视觉真实替代身体真实是如何被人们视为理所当然的事情。"看起来都一样"的内容是几个简单的测试交互游戏,比如测试项目"脸"(Face)给用户提供了 18 张来自中日韩三个国家的人的脸部照片,让其猜测每张照片上的面孔分别来自哪个国家。百万用户参与了这个游戏,不过据网站统计,在 18 张照片中人们平均只能猜对 7 张,准确率约为 39%。③ 虽然末松设计该网

---

① 马歇尔·麦克卢汉:《理解媒介:论人的延伸》,第 62—63 页。
② 曾军:《从"视觉"到"视觉化":重新理解视觉文化》,《社会科学》2009 年第 8 期。
③ Lisa Nakamura, *Digitizing Race: Visual Cultures of the Internet*, Minneapolis: University of Minnesota Press, 2008, pp.79–80, 75.

站的出发点在于有趣,但毫无疑问这个测试指出了视觉在人们对身份的理解中一直占据主导地位。① 个人身体通过动作、气味、口音等表达出的更多的生理和文化信息,全部被压缩在了经照片所转译的面容上,丰富的身份内容表达被简化。

数字媒介技术的发展或许会如电影《黑客帝国》中尼奥所说的那样,"什么是真实,你怎样定义真实? 如果你指的是触觉、嗅觉、味觉和视觉,那么真实只不过是大脑所理解的电子信号",真实最终变成电子信号而完全与身体感知无关。此时,人们似乎再难以为身体辩护。然而,承认身体为媒介延伸所"截除"的麦克卢汉却反复强调身体与媒介的结对,以厚重之作《理解媒介:论人的延伸》来阐释媒介和身体之间的联结关系。在其之后,新媒体理论家凯瑟琳·海勒与马克·汉森重点阐释身体的建构能力。海勒认为,如果模拟变得越来越普遍和重要,那么实在性(materiality)也将更具活力,因此她提倡一种具身的虚拟性;而汉森指出,身体是新媒体艺术作品的意义来源,并探索了身体体验和适应数字语境的过程。② 这些理论展现了媒介去身体性的另一面——开放的、有活力的、与媒介相连接的身体,揭开了存在于媒介—身体矛盾之间的缝隙,而这些"缝隙"又为新媒体艺术打开了新的面向,并最终提出了一个新的问题:如何理解新媒体语境中的身体?

二、在不可见中寻找身体

事实上,媒介的去身体性是媒介非物质性的一维。新媒介不仅"截除"肉身,而且欲以肉眼几乎不可见的电子信号模拟一切实存。一方面,新媒介通过电子信号模拟实存,将之呈现为视听效果;另一方面,这些效果所依赖的复杂操作系统和电子硬件并不向用户展现自身。媒介设计中的"见与不可见"带来的后果是绝大部分用户并不了解媒介背后的物质基础,从而认为模式(pattern)比存

---

① Lisa Nakamura, *Digitizing Race: Visual Cultures of the Internet*, Minneapolis: University of Minnesota Press, 2008, pp.79-80, 75.
② 虽然麦克卢汉没有直接指明,但他所提出的"媒介是人的延伸"命题已暗含着"媒介是人类的假体"的思考,而后者成为当代重要媒介理论家和科技哲学家的共同事业。海勒和汉森的论著表明,他们在书写这项共同事业。W. J. T.米歇尔、马克·B. N. 汉森主编:《媒介研究批评术语集》,肖腊梅、胡晓华译,南京大学出版社2019年版,第4—5页。本文核心并不是讨论麦克卢汉、海勒和汉森三人理论之间的关系,因此仅以此注释作简单说明。

在(presence)更重要,信息比物质形态更具活力、更重要、更本质。① 就信息理论发展历史而言,香农在概念上确定了媒介系统的不可见特征。1948年,香农发表信息理论的奠基之作《传播的数学理论》,将信息看作没有维度、没有物质、与意义没有必然联系的概率函数,是可通过量化和理论概括得出的模式而非实存。这个定义将信息的模式放在中心位置,并严格区分讯息(message)与信号(signal)——讯息只有被编码为信号并通过介质传输后才具有物质形态,②成为"可见"。虽然这个区分涉及信号传输和接收的渠道——媒介,但相比介质(媒介)与讯息,香农更关心的是信号。比起视觉化逻辑,信息理论对信息概念的一般性解释在更深层次上排除了身体实存的位置,而以模式与运算为中心。如图灵测试所假定的,实在身体之于媒介系统,其实只是信息的容器。

对于二战刚结束不久的年代来说,香农这种以模式理解信息的方式充满了吸引力,因其可通过可靠的量化和理论概括来完成。麦克卢汉遵循香农的思路,认为媒介研究应关注媒介的形式而非内容③,强调讯息传递过程优先于对讯息内容的解读。但与香农不同的是,麦克卢汉关注传播过程中媒介形式与讯息和身体的关系,指出媒介是人的延伸。从香农到麦克卢汉,从"模式"到"人的延伸",其间的理论基础依然是"形式",但二者最大的不同在于,身体与形式、人与技术的结对被麦克卢汉置于中心。总的来说,麦克卢汉的理论转折在于,他从不可见的形式出发,将焦点聚集在展现身体与媒介的相互影响关系之上,从而建立了二者的联系。这无疑是一次于不可见的媒介系统中寻找身体的尝试。

总体上,"媒介是人的延伸"的核心内涵指的是身体形式对媒介形式的决定性作用。虽然从《理解媒介:论人的延伸》的目录来看,麦克卢汉似乎是以一种功能主义的视角在搭建媒介与身体的关系,例如将车辆与腿脚、服装与皮肤、电话与耳朵和声音等媒介与身体器官的并列对举。但在这些标题之下,麦克卢汉论述的是身体形式如何影响媒介发展问题。基于对同一身体形式(身体机制)的延伸,不同种类的媒介往往在同一个层面上被提及。例如,在麦克卢汉看来,衣服和住宅是一样的,它们都是肌肤和体温调节机制的延伸。④ 在电力时代,全

---

① 凯瑟琳·海勒:《我们何以成为后人类:文学、信息科学和控制论中的虚拟身体》,刘宇清译,北京大学出版社2017年版,第26、24页。
② 凯瑟琳·海勒:《我们何以成为后人类:文学、信息科学和控制论中的虚拟身体》,第26、24页。
③ 马歇尔·麦克卢汉:《理解媒介:论人的延伸》,第29页。
④ 马歇尔·麦克卢汉:《理解媒介:论人的延伸》,第149、30、81、133页。

球恒温系统很容易取代住宅和衣服,成为延伸肌肤和身体恒温能力的新的媒介物。不仅如此,电力时代的媒介几乎就是人脑中枢神经系统的延伸。此时,信息的反馈回路系统取代了过去机器中的单向信息流动和机械序列。从麦克卢汉的视角来看,这种借助相互作用对知识在瞬息之间完成加工的机制,其实早已发生在我们的中枢系统中。换言之,电力时代自动化机器的有机统一性其实是对有机生命结构的模仿。从媒介形式与身体形式的延伸关系出发,麦克卢汉不仅说明了媒介与身体之间的联系,也建立了一种理解媒介的理论路径——通过分析媒介构成的基本条件来达到理解媒介的理论目标。

麦克卢汉着眼于媒介技术对身体感知的整体影响,并重申了感知与意识的统一。对他而言,技术(媒介)的影响改变了人的整体感官比率和感知模式。[1] 媒介技术对感知的改变之所以是整体性的,在于麦克卢汉假定了感知平衡的存在。因而,新的媒体的出现会破坏已有的感知模式,身体因此而谋求新的感知平衡,产生新的感知方式。此外,他深刻地认识到,"接触"不只是一种肌肤的感觉,而是多种感官的相互作用——视觉转换成听觉,听觉转换成动觉、嗅觉和味觉等。而媒介则是感官交互过程中的转换器,提供一种新视野与新知觉。所谓把握(grasp)与领悟(apprehension)则是一个借助一物求他物的过程,"是将一种感知经验转换成各种感知的能力,是将感知的结果不断以统一的表象展现给人脑的能力"[2]。并且,感知经验与认识能力不存在价值判断上的高低,理性或意识本身就是经验的感性成分的比率,而不是赘加于感觉经验的东西。[3] 显然,麦克卢汉注意到了身体的感性经验与理性认识之间的二元对立传统,但在他看来,意识/理性并非在感性经验之外而是就在其中。这种理解非常接近于柏格森对知觉的论述,"我们知觉的根源在事物当中,而不是在头脑里",知觉的机能是"从形象的整体中删除我无法把握的所有形象,因而也是从我保留的每一个形象中,删除所有与我称作'我的身体'的这个形象的需求无关的东西"。[4] 时隔半个世纪,柏格森关于"一个活的世界整体"的哲学在麦克卢汉的媒介理论中产生了回响。

以"形式""感知"和"整体性"为关键节点,麦克卢汉编织出了一张媒介—身

---

[1] 马歇尔·麦克卢汉:《理解媒介:论人的延伸》,第149、30、81、133页。
[2] 马歇尔·麦克卢汉:《理解媒介:论人的延伸》,第149、30、81、133页。
[3] 马歇尔·麦克卢汉:《理解媒介:论人的延伸》,第149、30、81、133页。
[4] 亨利·柏格森:《材料与记忆》,肖津译,译林出版社2011年版,第210、220页。

体的关系网。这张基于电力时代见闻的关系网超前把握到不可见原则之于媒介发展的核心位置。因而它所强调的是媒介的形式而非内容,与此同时巧妙地从身体出发找到了媒介中的身体基础,继而阐发人的感知。经由这些理论转折,麦克卢汉在媒介的"不可见"中找到了身体。

如果说 20 世纪 60 年代媒介的"不可见"主要是深藏于信息理论之中,那么在今天,媒介的自动化和智能化以更温和的方式隐藏了媒介硬件和操作系统,使其"不可见"。当前,生成式人工智能(generative artificial intelligence,简称 GenAI)作为媒介自动化和智能化发展的代表性成果,带来了人机交互模式的极大创新,实现了一种自然语言对话式的开放性交互。就 GenAI 来说,其一方面是交互模式的进一步简易与生成内容的极大丰富和稳定输出,另一方面是极其复杂的模型算法。但由于使用者长期接触的是前者,算法和模型成为其盲点。GenAI 似乎是算法与模型的产品而与人和身体无关,但伦敦艺术家安娜·里德勒(Anna Ridler)的作品展现了 GenAI 中人以及身体感知基础,强调了身体与媒介、人与技术的联系。

里德勒的艺术实践出发点是,通过使用各类机器学习(ML)工具生成携带花叶病毒①的郁金香图片,由此制作一个三屏视频装置来显示郁金香热、比特币和 AI 发展的联系。里德勒发现,AI 生成所依赖的机器学习框架——生成对抗网络(generative adversarial network,简称 GAN)存在着诸多偏见。例如,当她想尝试使用 GAN 生成关于郁金香花朵的结构化数据集时,她发现即使输入明确的颜色组合要求——20%的白、20%的粉和 20%的红,GAN 仍然只生成出色彩饱和度高达 80%的郁金香图片②。AI 生成作品并不一定依赖于直接的身体经验,为 GAN 标注数据标签的人员也往往不与他们所面对的工作对象有直接的经验性联系,这些因素导致里德勒难以通过 GAN 生成她想寻找的由肉眼所确定的带有花叶病毒的郁金香花朵。为了使数据集更加符合现实中的郁金香样式,里德勒购入了数朵郁金香,拍摄了成千上万张郁金香球茎照片,并手工标注这些球茎的属性。不仅如此,她还参与了人工智能生成艺术作品的每个环节——图像分类、数据整理、机器学习模型的架构,以及对 GPU(图像处理单元)

---

① 花叶病毒是一种导致植物叶子具有斑驳外观的病毒,携带该病毒的郁金香的花瓣带有条纹或斑点。

② Anna Ridler, *Myriad（Tulips）*, 2018, http://annaridler.com/myriad-tulips.

的物质基础设施支持和生成输出的管理与操控①,最终制作出了她自己的郁金香系列作品。

在习惯"一键生成"的技术语境下,里德勒用了近四个月的时间来理解 GenAI 以及生成式艺术实践中的感知参与,向人们解释了算法"截除"身体感知之后可能隐含的偏见问题,并以自身的感知实践和技术时间纠正了这种偏见,发现了算法和模型中的感知基础。跨越近半个世纪,麦克卢汉与里德勒通过不同的路径在同一个问题中相遇——在不可见的媒介系统中发现身体。

三、在不可触中感受身体

在今天看来,乔西叔叔跑上影院舞台想要解救银幕中的演员,最后却是扯下银幕的桥段似乎有些可笑。但 20 世纪以来,人们想让肉身进入银幕的决心和努力从未停歇,这既包括不断提升技术水平以使得肉身"遁入"交互界面,如近几年科技企业纷纷以元宇宙概念为着力点,设想构建一个沉浸的、具身的互联网;也包含对肉身的不断改造,如 20 世纪 90 年代斯泰拉克(Stelarc)"第三只手"系列身体装置作品和凯文·沃里克(Kevin Warwick)的赛博格系列实验装置,将尖端精密技术仪器植入身体的努力就是其中的代表性尝试。虽然斯泰拉克等人的实验和后人类思潮形成某种共振,元宇宙概念引爆了人们对虚拟现实的新想象,但二者所依赖的技术条件仍难以实现身体—机器、实存—虚拟之间的真正结合,媒介装置仍以视觉化逻辑为主导。因此,当后来者一次次像乔西叔叔一样想进入某种媒介时,媒介依然显示出不可触性——人无法完全进入媒介之内,反之亦然。

为应对媒介的不可触性,身体可通过佩戴各类装置如 VR 头盔、眼镜、手套等与机器产生交互,将虚拟身体映射于媒介系统中。虽然这种现象被马诺维奇讽刺为身体成为巨大的操纵杆②,但相比 GenAI 几乎排除身体参与的交互方式,操纵杆成为身体在人机交互中为数不多可以承担的角色。然而,媒介之不可触只会产生一个巨大的肉身操纵杆吗?在媒介与负重式的身体感知之间,新媒体理论批评家马克·汉森给出了一个颇有说服力的回答:虚拟现实活动并不是使

---

① Rita Raley, Jennifer Durham, "Critical AI: A Field in Formation," *American Literature*, Duke University Press, 2023, 95(2), p.285-204.

② 列夫·马诺维奇:《新媒体的语言》,第 109 页。

身体成为机器的俘虏,而是展现了身体的跨空间虚拟综合能力①。

在虚拟现实活动中,人面对屏幕时存在着三个不可通约的空间:身体内部、身体所处的现实空间、屏幕所呈现的虚拟世界。汉森认为,面对此种情景,身体—大脑的跨空间能力辅助人们将物理空间和虚拟空间无缝融合,毫不费力地从异质材料中产生虚拟图像。具体而言,当人运用身体—大脑跨空间综合能力时,一个虚拟的感知场会在身体中生成。这个感知场域容纳了"我获得的外界刺激"与"我即将做出的动作"的中间状态,它是虚拟的却孕育着我们的真实行动。这也意味着,身体—大脑跨空间综合能力与人的虚拟能力同时发挥作用,二者相辅相成。借此,汉森进一步提出:"虚拟远不是数字的代名词,它必须被理解为是人类超越自身实际状况的基本生存能力。"②而数字机器对现实的复现与虚幻场景的创造,实质上是对人类虚拟能力的一种模拟。汉森的说法在德国文化批评家弗洛林·罗哲(Florian Rötzer)的理论中得到确认。罗哲指出,在21世纪,观看世界被理解为一个建模过程,人们从由大脑创造并向外投射的模型中建构知觉③。这意味着机器通过模拟身体—大脑跨空间综合能力,在一定程度上与人类感知达成同构。这种同构性在于机器视觉与人类感知都有一个从原始数据中建构感知的过程,这个原始数据对机器而言是数据包,对人类而言是图像。汉森和罗哲在更深层次上发现了身体感知与计算机幻象制造之间的联系——后者的技术逻辑来源于前者。不同之处在于,计算机通过数据计算达到目的,而身体感知是运用身体—大脑跨空间综合能力。

然而,如何面对数字矩阵对一切实存的转换和替代?如何突破不可触的媒介装置将一切数字化、视觉化的主流趋势?斯泰拉克与沃里克的身体实验显然只是一种先锋尝试而难以具有普遍性。对新媒体艺术家与汉森而言,由数字矩阵导致的问题也能由数字矩阵来解决。当数字化以"0"和"1"的数字矩阵使实存转化为信息编码片段,并如DNA一般不断被接受、转换和重组时,这虽是对实存的粉碎,但也打开了另一种可能性——身体可以突破皮肤的束缚,在数字矩阵中重新获得开放性,而无须具有确定的终结状态。面对数字矩阵的可编辑性及其给身体带来的新可能,新媒体艺术家通过影像编辑呈现了新的身体在场方

---

① Mark B. N. Hansen, *New Philosophy for New Media*, Cambridge: The M. I. T. Press, 2004, p. 86, 60, 49-50, 105.
② 同上。
③ 同上。

式——以可见触发不可见,在不可触中调动身体感知。

2001年,保罗·菲弗(Paul Pfeiffer)的作品《漫长的计数》运用数字编辑技术重组影像,显示了数字编辑在调动身体感知方面的能力。作品由美国拳王穆罕默德·阿里的三段比赛视频组成,但在重组影像中菲弗删除了拳击手搏斗的画面和声音,只留下拳击手若隐若现的身影、观众的欢呼声和一个看似空荡的拳击场。虽然拳击手与裁判员都不在场,但随着拳击场边界绳索有节奏的拉伸扭动以及场外观众此起彼伏的欢呼声不断在画面出现,拳击手搏斗的场景似乎就在眼前。镜头的逐步推移和边界绳索不同位置的抖动又暗示了拳击手运动位置的变化。虽然同样是数字图像呈现,菲弗却巧妙地以身体视觉信息的缺失来令观看者重新建构起关于身体的想象。而触发这些想象的并不是一个给定的图像,而是包含着身体信息的动态画面与声音效果。因而,与其说搏斗场景是被观看到的,不如说是观看者调动身体感知所建构出来的。菲弗巧妙地运用数字影像的编辑性改变了身体在影像中的存在,以此中断人与媒介间的一种看与被看关系,观看者"我"其实并不是一个不动的凝视者而应该是画面的积极建构者。此外,他也中断了媒介的自动化呈现,以身体画面的缺失召唤观看者关于运动、搏击、呼喊等方面的身体记忆。因而,虽然银幕依然不可触并以视觉呈现为主导,但菲弗通过数字编辑技术让观看者可以通过图像表现来感受身体体验。

以汉森、菲弗为代表的新媒体理论家和艺术家意在通过新媒体语境中的身体实践展现身体的主动性、开放性和多样性,以及身体和新媒体结合的可能。相比将身体视为不必要的存在并将之推向机械论的二元对立传统来说,汉森等人为身体的辩说既呈现出与之不同的身体,也展现了一个具有身体基础的媒介环境。由此,从麦克卢汉到汉森再到菲弗和里德勒,他们围绕身体和媒介的论说与实践已经将"重新理解身体"的问题摆在面前。

四、余论:在新媒体语境中重新理解身体也是重新理解媒介

首先,摒弃将身体等同于物质存在的本质主义视角,从开放和整体的角度出发来理解身体和人,是新媒体语境下媒介理论和艺术实践对身体问题的第一个启发。长久以来,人们在身体—心灵的二元对立框架中认识身体。身体被视为物质性的肉体,受到内在结构和外在时空的严格限制而必须由心灵与精神予以

它自由和能力。在西方思想史上,笛卡尔因推出"我思故我在"的第一原理被指责为机械身体观的罪魁祸首。但需要指出的是,近代解剖学的发展是笛卡尔机械身体观的基础之一。只有当解剖学将身体从宇宙中剥离,使人变成单纯的肌肉和骨骼的组合后,身体观念才浮出水面并进入"我思"的体系之中。解剖学的关键作用不仅在于凸显出身体观念,更因为它在解剖实验的基础上构建了一套生理学知识并确证了身体的物质性存在。基于此,机械身体观极其自然地将身体物化,把人体看作"一个由轮子和摆装成的钟表一样"①。就像时钟或其他自动装置的运动由它们的齿轮、配重或其他零件的特定排列产生作用,身体同样如此,它通过"机器"元件的排列组织来进行功能的运作。② 笛卡尔以机器逻辑来分析身体,身体自身被动而沉寂。

对于身体而言,20世纪中期以来的光景似乎也不明朗,不可见的媒介系统和不可触的交互界面构成了人们所面临的媒介现实,这种不可见和不可触虽然可以容纳身体的参与但并不接受肉身的进入。在此情景下,假若人们依然以机械身体观看待新媒介及其与人的交互,那身体显然就不只是机器的俘虏而更是机器本身,而世界也将是一个无人的机器自动化世界。也许正因为如此,麦克卢汉强调从形式出发来看待媒介和身体的联系,而汉森所挖掘的同样是非实体的身体—大脑跨空间综合能力,里德勒和菲弗的实践则试图运用数字媒介发现和调动身体体验。这些理论和实践共同挑战了传统哲学中物化和机械化的身体观,证明了身体所具有的丰富活力。身体的活力恰恰促成了它与媒介的动态结合以及感觉与意识的同时发生和相互联通,而非如笛卡尔和拉·梅特里所说的机器般的被动与沉寂。

其次,新媒体理论与艺术实践对媒介和身体关系的展现实际上挑战了香农和韦弗的信息理论,由此将情境引入媒介—身体问题研究。香农将传播系统分为五个阶段:信息源、传输者、渠道、接收者和目的地。在这之后,韦弗将"五阶段"区分为三个传播层次:第一层次(A层次)处理传播的技术问题,寻求保证传播符号在传输过程中的精确性方法;第二层次(B层次)考察语义学问题,关注符号如何准确传递传播源所期许的意涵;第三层次(C层次)具有社会学偏向,

---

① 笛卡尔:《第一哲学沉思集》,庞景仁译,商务印书馆2009年版,第92页。
② René Descartes, "Treatise on Man" in M. A. Bedau and C. E. Cleland (eds.), *The Nature of Life: Classical and Contemporary Perspectives from Philosophy and Science*, Cambridge: Cambridge University Press, 2020, p. 20.

研究人们所接收到的信息如何有效地以期许的方式影响行为。香农与韦弗认为,传播的技术问题(A层次)处于首要位置,"A层面的'符号准确性'直接决定了语义学(B)和行为空间(C)的可能性,反之则不行"①。在这样的考虑下,传播系统的关键问题是信息传输中信号—噪声比率,以及信息在不同语境中如何具有某种稳定值。因而,信息被视为一种统计尺度、一种概率与可能性,与具体的语境和意义无关。

然而,里德勒郁金香系列艺术实践说明,算法可能与具体语境和身体感知相关。当里德勒以花叶病毒为条件要求人工智能模型输出相关图片却发现其结果带有偏见时,她选择了参与到人工智能生成作品的环节之中。在这一过程中,作为信息接收者的里德勒以自己的身体感知对人工智能产品进行判断和筛选,最终决定对生成结果的取舍。里德勒的艺术实践强调了传播"五阶段"中的接收者和目的地,但这恰恰是香农和韦弗信息理论中不占优先位置的两个阶段。英国控制论专家唐纳德·麦凯(Donal M. MacKay)对信息理论持另一种看法:信息与接收者的心态变化和意义相关。麦凯认为,信息传播不只是计算机语言如何重组和输出的问题,接收者的选择同样重要。② 换言之,信息的技术操作必须受到非技术背景的制约。这说明了人机交互活动中,人会根据情境和身体感知过滤和选择信息,信息的意义并不完全由算法函数所决定而需要包含身体活动的选择。在此,身体的主动性以及情境因素被突显。一旦情境尤其是身体所处的情境因素被引入身体—媒介的交互过程,媒介—身体问题将涉及社会因素的考量,这将开拓出另一片关于媒介—身体问题的讨论领域。

最后,在新媒体语境中重新理解身体,实质上也是一个重新理解媒介的过程。艺术装置愈是自动化和智能化,使用者愈加应该了解其背后的操作系统,这成为在21世纪理解媒介的关键问题。20世纪末,基特勒曾对学生建议:"他们至少应该了解一些算术、积分函数、正弦函数——关于符号和函数的所有内容。他们还应该至少了解两种软件语言。"③这种呼吁在今天仍具有时效性。然而,基于身体视角关注媒介并不仅仅是主张考察媒介机器软硬件背后的技术机制,

---

① 盖恩、比尔:《新媒体:关键概念》,刘君、周竞男译,复旦大学出版社2015年版,第37页。
② Donal M. MacKay, *Information, Mechanism and Meaning*, Cambridge: The M. I. T. Press, 1969, p.52-54.
③ Matthew Griffin, Susanne Herrmann, "Technologies of Writing: Interview with Friedrich A. Kittler", *New Literary History*, 1996, 27(4), p.731-742.

它还要求我们厘清身体感知与新媒介表征之间的错位及其可能含有的契机。因此,在今天,基于身体视角关注媒介系统、重新理解媒介包含着一种人文关怀:人类与社会在人工智能时代意味着什么?这既是基特勒媒介理论没有回应的问题,也是自麦克卢汉"媒介是人的延伸"命题以来,等待更多研究者和艺术家探寻的问题。

参考文献:

[1] [美] 玛莉塔·史特肯,莉莎·卡莱特史特肯.观看的实践[M].陈品秀,吴莉君译.台北:城邦文化事业公司出版,2013.

[2] [俄] 列夫·马诺维奇.新媒体的语言[M].车琳译.贵阳:贵州人民出版社,2020.

[3] [加] 马歇尔·麦克卢汉.理解媒介:论人的延伸[M].何道宽译.南京:译林出版社,2011.

[4] [美] N.凯瑟琳·海勒.我们何以成为后人类:文学、信息科学和控制论中的虚拟身体[M].刘宇清译.北京:北京大学出版社,2017.

[5] 车致新.媒介不是人的延伸——基特勒对麦克卢汉的"后人类"批判[J].跨文化对话,2018(2):380-389.

[6] [美] W.J.T.米歇尔,[美] 马克·B.N.汉森 主编.媒介研究批评术语集[M].肖腊梅,胡晓华译.南京:南京大学出版社,2019.

[7] [英] 李斯特等著.新媒体批判导论[M].吴炜华,付晓光译.上海:复旦大学出版社,2016.

[8] 汪民安.身体,空间与后现代性[M].南京:江苏人民出版社,2006.

[9] 姜宇辉.不可触摸的伤痛——"触感电影"作为后人类时代的"断裂主题"[J].电影理论研究(中英文),2019,1(1):38-53.

点评

作者系统地探讨了新媒体时代媒介与身体的关系,逻辑清晰,结构严谨。文章引用了丰富的理论资源和案例,如麦克卢汉的媒介延伸理论、丢勒的版画作品等,增强了论述的深度和广度。同时,作者运用专业术语精准表达观点,展现了扎实的学术功底。在行文规范上,文章遵循了学术论文的基本格式,注释和参考文献规范,体现了作者对学术诚信的重视。此外,文章对当前新媒体艺术实践中的媒介——身体矛盾进行了深刻剖析,并提出了具有前瞻性的思考,为相关领域的研究提供了新的视角。总体而言,这是一篇学术价值较高的论文,对于推动媒介——身体研究的深入发展具有重要意义。

数字化转型与企业出口韧性
——理论机制与经验证据[①]

王志强[*]

摘要：随着全球数字化浪潮的兴起，数字化转型已经成为现代企业发展的重要趋势。探究企业数字化转型对其出口韧性的作用机理及其效应，将对企业高质量发展新路径的探索具有重要意义。基于中国上市公司的微观数据，使用Python爬虫技术和文本分析法构建企业数字化转型指标，从理论和实证方面分析了数字化转型对企业出口韧性的影响。研究发现：第一，数字化转型对企业出口韧性具有积极的影响。第二，机制分析表明，企业出口产品质量、技术创新以及出口产品多样化在数字化转型与企业出口韧性之间发挥着中介作用。第三，异质性分析发现，这一促进效应在不同区域、不同股权性质、不同要素特征及不同企业规模之间存在显著差异。

关键词：数字化转型；出口韧性；产品多样化；出口产品质量

引言

出口贸易作为驱动经济增长的重要支柱之一，在维持和推动经济增长方面扮演着不可或缺的角色。党的二十大报告提出，要推进高水平对外开放，加快建设贸易强国。企业出口作为中国外贸市场的重要组成部分，通过增加出口额、扩大市场份额，逐渐成为中国参与国际竞争中不可小觑的生力军[1]。然而，近年来国际贸易摩擦不断加剧、贸易保护主义抬头，国际投资萎缩，叠加全球新冠疫情

---

① 原题《数字化转型与企业出口韧性——理论机制与经验证据》，载《价格月刊》2024年第7期。收入本书时略有修改。
* 王志强，男，中国海洋大学经济学院2024级博士研究生，研究方向为区域经济。

的冲击,全球经济增长缓慢,外贸发展环境日趋复杂,传统的对外贸易发展模式遭受巨大冲击,企业出口困难加大。在此背景下,出口韧性在中国外贸中的重要性日益凸显,亟须增强企业出口韧性。中国经济正处于转型关键期,保持良好的企业出口韧性,为经济韧性提供支持,进而为维护国家整体经济平稳运行和促进经济可持续发展奠定坚实基础。

数字化转型作为当今全球经济发展的重要趋势之一,正以前所未有的力度渗透至各个行业领域,引领全球经济体系转型,为企业出口贸易的发展提供了契机[2]。通过数字化技术的应用和创新,企业能够更精准地把握国际市场动态,优化供应链管理,从而增强出口产品的附加值和品牌影响力。同时,借助跨境电商、数字贸易等新兴业态,企业得以突破地理空间限制,拓宽销售渠道,挖掘潜在市场,降低交易成本,全面提升出口贸易的效率和效益[3]。因此,企业现代化建设中,数字化转型逐渐成为企业竞争的关键领域,数字化已经全方位影响到了未来企业的生存环境,成为企业发展的必由之路,对提高企业竞争力和适应国际市场需求具有重要意义[4]。

一、文献综述

从现有研究看,围绕数字化转型的研究主要有以下三个方面:一是数字化转型的内涵。Kateryna(2020)认为,数字化转型是指企业在信息技术的驱动下对业务模式、组织架构、管理方式和价值创造的全面转变[5]。Maha et al.(2023)认为,数字化转型是指企业凭借互联网,利用现代技术和数字工具快速捕捉、分析和应对市场变化,进而帮助企业形成市场竞争优势,其中数字化转型的显著特征就是通过数字化应用提升运营效率[6]。Matt et al(2015)认为,数字化转型是指通过集成并创新运用智能数字技术和信息技术的过程,其目的在于对企业现有的销售网络、生产作业链、组织架构及管理模式进行全面革新和重构,以此影响并提升企业的生产水平和创造价值潜能[7]。笔者认为,数字化转型是一个涵盖企业全方位的深层次变革过程,是将数字化思维融入企业的战略、业务流程和价值创造的过程,能够通过提高业务效率、创新能力和竞争优势,以适应数字化时代的发展需求和变革,实现企业的持续竞争优势和可持续发展。这一转型不仅局限于技术层面的更新迭代,更着重于企业如何通过数字化手段捕捉和利用数据,创新驱动业务增长,改变与客户的交互方式,并创建全新的价值主张。二是数字化转型的测度。吴非等(2021)采用基于上市公司年度报告文本挖据的方法,通过对其中数字化转型相关词汇出现频率的统计和整理,构建了数字化转型关键词频次指标,以此量化评估企业的数字化转型程度[8]。张永坤等(2021)披露的与数字化转型相关的无形资产数据,通过计算这类无形资产占全部无资产总额的比重,来直接反映并评价企业的数字化转型过程[9]。王魏等(2021)用虚拟变量代替企业数字化转型,如果当年实施数字化转型政策则赋值为1,否则赋值为0[10]。三是数字化转型的经济效应。从微观层面看,数字化转型可以提高劳动者的工作技能和企业绩效[11],提升企业治理能力和高管决策效率,优化企业投资结构[12],促进企业创新[13],加快企业的信息化进程,提升企业全要素生产率,助力企业高质量发展[14],通过增加对高技能劳动力的需求进而促进劳动力结构转型升级[15]。从中观层面看,数字经济的蓬勃发展正在引领传统产业步入数字化和智能化的新阶段,有力驱动传统产业实现深层次变革与升级,改变传统产业的竞争格局,加速产业融合发展[16]。另外,数字经济的发展极大地促进了全球产业链的协同和分工,重塑了世界产业格局,为全球价值链的整合和优化提供了新的机遇和挑战[17]。从宏观层面看,数字化提供了更好的信息基础设施、丰富的数据资源和信息资源,使地区创新手段和创新方式更加多样化,提高区域创新效率[18],实现农业智能化发展,赋能农民增收[19]。此外,数字经济为经济增长提供新的动力,带动地区经济的快速发展,有助于缩小地区间经济差距[20]。同时,数字经济也促进了跨地区的合作与协同创新,加强了地区间的经济联系,带动了资源和数据要素的流动,进一步推动了地区经济的融合和协调发展[21]。

近年来,越来越多的学者开始关注数字化转型与出口贸易的关系。数字化转型不仅改变了企业内部的运营方式,而且深刻地影响着企业的对外经营活动,尤其是出口业务[22]。施炳展(2016)研究了互联网对企业出口的影响,发现互联网能够进企业出口[23]。李坤望(2015)基于异质性企业贸易理论,发现信息化能够促进比较优势的形成,从而改善一国的出口绩效[24]。还有部分学者发现数字经济能够促进贸易结构转型升级,降低出口供应链不确定性[25],提高出口产品质量,推动出口贸易优化[26]。然而,针对数字化转型与出口韧性之间关系的研究较少,只有部分学者如戴翔(2023)从全球价值链参与度与出口多元化视角研究两者的关系[27],魏昀妍(2022)从出口产品质量入手,分析数字化转型对企业出口韧性的影响[28]。

现有文献为笔者进一步的研究提供了有益的借鉴,但相关研究仍有不足:第一,尽管数字经济与出口贸易的相关研究不断深化,但大多是基于宏观层面的研究,鲜有以微观企业为研究对象,对企业出口韧性进行探讨。第二,关于数字化转型提升企业出口韧性的作用机制和异质性分析还不够完善,仍存在一定的补充空间。

二、理论机制与研究假说

（一）数字化转型与企业出口韧性

传统贸易理论和新贸易理论主要研究产业间贸易和产业内贸易,都将产业作为研究对象,并假设生产率在各产业间是相等的,无法解释国际贸易中许多微观现象。而新新贸易理论则是对传统贸易理论和新贸易理论的一种扩展和补充,将研究对象进一步细化到企业,强调了企业内部的异质性,从微观层面——企业来分析国际贸易现象,对国际贸易模式提供了更深入的解释。随着新新贸易理论的发展,异质性企业模型开始受到学者的重视。企业数字化转型能够从多方面影响企业的效率。首先,企业的数字化转型可以收集和整理大量的数据资源,并利用数据分析和预测技术,为企业决策提供实时和准确的信息支持。通过数据分析,企业可以更深入地了解市场需求,预测产品需求和价格走势,并通过数字技术的应用提高市场竞争力和企业生产效率[29]。其次,数字化转型可以将企业内部组织架构和外部合作伙伴网络无缝衔接,搭建统一的数字化协作平台,各部门能够有效地进行深度融合与高效协同,打破部门壁垒,促进信息流动的透明化与即时化,极大地削减沟通协调的时间与精力消耗。如此,企业员工都能够在一个共享的信息环境中高效作业,显著提升整体的工作效率和执行力。另外,企业的数字化转型能够帮助企业降低贸易成本,减少产品的运输时间和运输费用,提高通关、报关等环节效率及通过上文分析可知效率高的企业更倾向于出口。所以企业的数字化转出口企业的贸易效率[30]。据此,提出假说1。

假说1:数字化转型能够提升企业出口韧性。

（二）数字化转型对企业出口韧性的影响机制

1. 数字化转型、出口产品质量与企业出口韧性

数字化转型能够提升企业出口产品质量。首先,数据能够驱动产品质量的改进。数字技术的应用,为企业提供了大量的数据资源和分析工具,使企业能够

基于实时数据进行产品质量的监测和改进,对产品质量指标进行评估,实施有效的质量改进措施。通过对这些数据的分析,企业可以更精确地了解产品质量的状况,有针对性地对生产技术和生产过程进行改善,进一步提高出口产品质量。其次,数字化企业能够更加便捷的与消费者共享产品质量信息。通过数字化平台,企业可以与供应商、合作者以及消费者共享产品质量数据、质量标准等信息,这种信息共享的机制可以提高沟通和协作的效率,加强产品质量的管理,获得更高的客户满意度和客户黏性,同时进一步提高产品质量的稳定性[31]。而高质量的产品出口能够使企业在国际市场树立良好的声誉、建立良好的品牌形象,增加消费者对出口产品的满意度和信任度,进一步增强企业出口产品竞争力,进而扩大企业在国际市场的出口以及提升企业出口韧性。据此,提出假说2。

假说2:数字化转型能够通过提高出口产品质量提升企业出口韧性。

2. 数字化转型、技术创新与企业出口韧性

数字化转型能够有效的促进企业技术创新。首先,数字化转型不仅是将传统业务进行数字化改造,更是可以利用信息技术和数据资源制定准确的决策和战略,推动企业进行技术创新。数字化转型为企业技术创新提供了良好的环境支持,通过数字平台和数字技术的运用,可以打破传统的组织边界,不同企业、不同部门之间能够方便和且高效地共享资源和知识,实现技术的互补和整合,激发创新思维的碰撞,提高企业整体的创新能力和创新效率[32]。其次,数字化转型可以加速企业创新周期,同时通过数字技术的应用,降低研发成本和创新成本,提高企业的创新潜力,推动企业向更高附加值的领域发展。这种创新使企业能够提供具有更高赋加值和个性化特征的产品,从而在国际市场上形成差异化竞争优势,增强抵御市场波动的能力。最后,创新是引领企业发展的动力。技术创新水平的提高可以帮助企业开发出具有竞争力的产品,提高出口产品的技术复杂度,更好地满足国际市场的需求,提高企业的出口市场的竞争力和占有率,帮助企业拓展出口业务,促进企业的出口,提升企业出口韧性。据此,提出假说3。

假说3:数字化转型能够通过技术创新提升企业出口韧性。

3. 数字化转型、出口产品多样化与企业出口韧性

数字化转型能够促进出口产品多样化。随着全球化的推进和市场竞争的加剧,企业出口市场面临日益复杂的贸易环境。企业通过数字化转型,可以更加全面的了解全球市场,减少信息不对称程度,获取更多的市场信息,发掘更多的潜在出口市场,扩大出口产品范围,增加出口产品多样性。另外,数字化转型能够

提高企业对市场信息的获取能力,敏锐捕捉到市场需求。通过快速响应市场变化,及时调整出口战略、产品结构和定价策略,帮助企业应对如市场竞争及各种不确定性,使得企业可以更好地满足不同国家和地区的需求,生产出适合不同市场的出口产品。而出口产品多样性的增加,能够有效分散出口市场风险,降低外部不确定性的冲击,提高企业的抗风险能力和出口韧性[33]。据此,提出假说4。

假说4:数字化转型能够通过增加出口多样化提升企业出口韧性。

三、研究设计

(一)模型设定

为了研究数字化转型对企业出口韧性的影响,构建如下基准回归模型:

$$RES_{it} = \alpha_0 + \alpha_1 DIG_{it} + \alpha_2 X_{it} + \mu_i + \rho_t + \varepsilon_{it} \tag{1}$$

其中,RES_{it}是i企业第t年的出口韧性,DIG_{it}是i企业第t年的数字化转型程度,X_{it}是影响企业出口韧性的其他控制变量,μ_i是企业固定效应,ρ_t是时间固定效应,ε_{it}是随机干扰项。

(二)变量设定

1. 被解释变量

企业出口韧性(RES_{it})。企业出口韧性是指企业出口抵御冲击的能力,即企业在面对外部冲击和不确定性时,能够快速适应并调整自身战略,保持稳定的出口业务和市场份额的能力[34]。参考魏昀妍(2022)的做法,以2008年金融危机为背景,用企业当年出口额与2008年出口额的偏离程度来衡量出口韧性,具体计算方法如下:

$$RES_{it} = \frac{export_{it} - export_{2008}}{export_{2008}} \tag{2}$$

其中,$export_{it}$为企业当年出口额,$export_{2008}$为企业2008年出口额,RES_{it}为企业出口韧性,其数值越大反映当年出口韧性越强。

2. 解释变量

企业数字化转型(DIG_{it})。参考吴非(2021)[35]的做法,对人工智能技术、大数据技术、云计算技术、区块链技术、数字技术运用5个维度相关词频进行统计。具体是根据上市企业年报,构建企业数字化术语词典,利用"ln(词频和+1)"

计算数字化转型水平。

3. 控制变量

为保证结果的准确性,参考王靖茹(2023)[36]的做法,加入如下控制变量:资产负债率(LEV)用负债总额与资产总额的比值表示;总资产收益率(ROA)用净利润与资产总额的比值表示;托宾 Q 值(TOB)用总市值与账面价值的比值表示;经营现金流(CAS)用现金占总资产之比表示;固定资产占比(PFA)用固定资产与资产总额的比重表示;独立董事占比(IND)用总股本独立董事人数与董事会总人数的比值表示;两职合一(COM),董事长与总经理兼任取值1,否则取值0。

4. 中介变量

Hummels et al(2005)通过出口产品份额与出口产品单位价值的加权平均计算出口单位价值,并用作出口产品质量的代现变量[37]。然而中国企业面临激烈的出口竞争,往往出口价格偏低,这种单位价值法并不适合衡量中国出口企业的产品质量。程玲通过出口产品的市场份额来估计产品质量,同时考虑销售价格和销售数量,认为该产品的市场份额越高那么产品质量也就越高[42]。Hausman 则用出口技术复杂度间接衡量出口产品质量,认为产品中技术含量越高,则反映出产品质量越高[43]。笔者参考 Khandelwal et al(2013)的做法[38],基于消费者效用函数,计算 2008—2016 年出口产品质量。

根据消费者效用最大化,出口产品的需求量为:

$$q_{ikt} = p_{ikt}^{-\sigma} \lambda_{ikt}^{\sigma-1} \left(\frac{E_{kt}}{P_{kt}}\right) \tag{3}$$

其中 q_{ikt} 和 p_{ikt} 是 i 企业在第 t 年出口 k 产品的数量和价格,λ_{ikt} 是 i 企业在第 t 年出口 k 产品的质量,E_{kt} 是总支出,σ($\sigma>1$)是替代弹性,$\frac{E_{kt}}{P_{kt}}$ 能够代表市场规模。由此可见,需求量与产品价格、质量以及市场规模呈正相关关系。

令 $\frac{E_{kt}}{P_{kt}} = x_{kt}$,$\epsilon_{ikt} = (\sigma-1)\ln \lambda_{ikt}$,并对式(3)两边取对数得到:

$$\ln q_{ikt} = x_{kt} - \sigma \ln p_{ikt} + \epsilon_{ikt} \tag{4}$$

对每一种出口产品分别进行分组回归,可得到产品层面的出口产品质量为:

$$quality_{ikt} = ln\ \hat{\lambda}_{ikt} = \frac{\hat{\epsilon}_{ikt}}{\sigma - 1} = \frac{ln\ q_{ikt} - ln\ \hat{q}_{ikt}}{\sigma - 1} \tag{5}$$

对式(5)进行标准化处理:

$$squality_{ikt} = \frac{quality_{ikt} - min(quality_{ikt})}{max(quality_{ikt}) - min(quality_{ikt})} \tag{6}$$

其中,$max(quality_{ikt})$ 和 $min(quality_{ikt})$ 分别表示出口产品质量的最大值和最小值,标准化之后的出口产品质量满足:$squality_{ikt} \in [0,1]$。

企业层面的整体出口产品质量:

$$QUA_{it} = \sum_{ikt \in \omega} x_{kt} \times squality_{ikt} \tag{7}$$

技术创新(TEC_{it}),用研发投入占营业收入的比重表示。

出口产品多样化(VAR_{it}),用出口产品种类表示。

(三)数据说明与数据来源

数据主要来源于中国海关数据库、国泰安 CSMAR 数据库样本为2008—2016年海关数据库与上市企业数据库匹配的数据,并对数据进行如下处理:(1)剔除数据缺失较多的企业;(2)剔除员工人数小于10人的企业;(3)剔除从事进口业务的公司。相关变量的描述性统计展示了观测值、均值、标准差、最小值、最大值,如表1所示。

表1 变量描述性统计

变量类型	变量名称	符号	观测值	均值	标准差	最小值	最大值
被解释变量	企业出口韧性	RES	5 726	19.43	15.79	-1.00	256.90
解释变量	数字化转型	DIG	5 726	16.58	33.22	0	550.00
控制变量	资产负债率	LEV	5 726	0.42	0.23	-0.09	1.34
	总资产收益率	ROA	5 726	0.04	0.13	-0.73	7.45
	托宾Q值	TOB	5 726	2.05	2.19	-2.40	92.30
	经营现金流	CAS	5 726	0.17	0.14	0	0.94
	固定资产占比	PFA	5 726	0.26	0.15	-0.09	0.83

续表

变量类型	变量名称	符号	观测值	均值	标准差	最小值	最大值
控制变量	独立董事占比	IND	5 726	0.37	0.06	0	0.75
	两职合一	COM	5 726	0.24	0.43	0	1.39
中介变量	出口产品质量	QUA	5 726	0.491	0.306	0	0.864
	技术创新	TEC	5 726	2.84	4.74	0	137.45
	出口产品多样化	VAR	5 726	79.04	218.25	0	4 378.00

四、实证分析

（一）基准回归结果

表2所示。列（1）是未加入控制变量时，数字化转型的系数为5.183，在5%的置信水平上显著，初步验证了数字化转型能够增加企业出口韧性。列（2）—（8）为逐步加入控制变量时的回归结果，可知数字化转型的回归系数仍然显著为正，进一步说明数字化转型对企业出口韧性具有积极的影响。由此，假说1得以验证。

表2 基准回归结果

变量	(1)	(2)	(3)	(4)	(5)	(6)	(7)	(8)
DIG	0.518** (4.74)	0.517** (4.73)	0.530** (4.78)	0.491** (4.68)	0.492** (4.68)	0.486** (4.67)	0.486** (4.67)	0.484*** (5.25)
LEV		15.431*** (6.39)	15.760*** (6.01)	17.876** (3.08)	17.813** (4.07)	17.814** (4.07)	17.577** (4.05)	18.316** (4.10)
ROA			7.590*** (5.15)	10.291** (4.20)	10.469** (4.21)	12.953** (4.25)	10.242** (4.20)	13.590** (4.27)
TOB				0.608 (0.40)	0.605 (0.39)	0.614 (0.40)	0.678 (0.44)	0.884 (0.58)

续表

变量	(1)	(2)	(3)	(4)	(5)	(6)	(7)	(8)
CAS					1.092 (0.03)	5.992 (0.18)	8.232 (0.25)	9.393 (0.28)
PFA						23.061* (1.70)	24.194* (1.74)	24.707* (1.75)
IND							83.891* (1.78)	82.869* (1.76)
COM								−13.352* (−1.66)
常数项	11.128** (4.80)	4.116* (1.44)	3.705** (4.38)	3.872** (4.40)	4.065 (0.36)	−4.061* (−1.25)	−35.263* (−1.48)	−32.351* (−1.35)
时间固定效应	是	是	是	是	是	是	是	是
个体固定效应	是	是	是	是	是	是	是	是
N	5 726	5 726	5 726	5 726	5 726	5 726	5 726	5 726
R^2	0.359	0.381	0.378	0.313	0.450	0.329	0.311	0.466

注：*、**和***分别表示在10%、5%和1%水平上显著，括号内为t值。

(二) 稳健性检验

1. 内生性检验

将数字化转型分别滞后一期和滞后两期重新回归，结果如表3列(1)列(2)所示，数字化转型的系数分别为0.397和0.407，验证了基准回归结果的稳健性。

此外，为克服存在遗漏变量的问题，参考赵涛(2020)的研究方法[39]，选取1984年各城市邮电数据作为工具变量。邮电数据反映了一个地区数字基础设施建设水平，与企业数字化转型程度呈正相关；而邮电数据对当地企业出口韧性的影响甚微，满足工具变量的选取条件。具体做法是用上一年全国互联网用户数与1984年各城市每万人电话数量的交互项作为企业数字化转型的工具变量。

结果依旧显著为正,再次验证了数字化转型可以有效提升企业出口韧性。

2. 缩小样本范围

由于中国直辖市与其他地区在政治、经济、文化、地理背景等方面存在较大差异,直辖市的经济发展水平一般高于其他省份,这些地区数字化转型开展的时间相对较早,数字基础设施比较完善。因此,将位于北京、上海、天津和重庆四个直辖市的企业样本剔除,重新探讨数字化转型对企业出口韧性的影响。回归结果如表3列(4)所示,解释变量系数为0.168,在5%的水平上显著,说明结果比较可靠。

3. 更换解释变量

为消除因解释变量选取问题对回归结果造成的影响,参考祁怀锦(2020)用年末无形资产占比衡量企业的数字化转型程度[40],探讨数字化转型对企业出口韧性的影响是否会因为解释变量的计算方式不同而发生变化,回归结果如表3列(5),数字化转型的回归系数为0.381,在10%水平上显著,再次验证了假说1。

4. 缩尾处理

为了避免样本异常值对研究结论造成影响,对所有变量进行上下1%缩尾处理,结果如表3列(6)所示,数字化转型的回归系数为0.761,并在1%的水平上显著,数字化转型能够增强企业出口韧性的结论仍然成立。

5. 交互固定效应

企业层面的影响因素可能会在不同时期发生变化,笔者在双固定效应模型基础上,进一步加入个体—时间的交互固定效应,来吸收随个体和时间变化的不可观测因素[41]。此时 DIG 的回归系数为0.058,在10%的水平上显著,与基准回归结果基本上保持一致。

表3 稳健性检验结果

变量	(1)	(2)	(3)	(4)	(5)
	滞后一期	滞后两期	缩小样本范围	更换解释变量	缩尾处理
DIG	0.397*** (6.24)	0.407** (4.10)	0.168** (4.74)	0.381* (1.45)	0.761*** (6.18)

续表

变量	（1）滞后一期	（2）滞后两期	（3）缩小样本范围	（4）更换解释变量	（5）缩尾处理
LEV	1.843** (3.96)	1.982** (4.33)	0.261 (0.20)	5.223 (0.28)	7.706* (1.68)
ROA	2.750* (1.42)	2.297* (1.97)	4.075 (0.99)	0.539 (0.11)	1.908 (0.12)
TOB	2.339 (0.14)	0.471 (0.40)	0.301 (0.20)	0.550 (0.48)	0.218 (0.36)
CAS	28.530 (0.81)	46.473* (1.69)	20.495* (1.54)	42.287 (0.91)	9.190 (0.90)
PFA	9.326 (0.26)	7.840 (0.91)	5.250 (0.75)	28.117 (0.75)	12.840 (1.04)
IND	39.131* (1.41)	50.791 (0.90)	60.052* (1.34)	51.708 (0.96)	18.429 (0.40)
COM	4.809 (0.56)	11.527 (1.16)	17.773** (2.14)	10.293* (1.49)	1.251 (0.06)
常数项	−13.353 (−0.51)	−30.419 (−1.05)	−5.597* (−1.15)	20.407 (0.78)	2.656 (0.40)
时间固定效应	是	是	是	是	是
个体固定效应	是	是	是	是	是
N	5 726	5 726	5 393	5 726	5 726
R^2	0.291	0.220	0.186	0.179	0.469

（三）异质性分析

1. 区域异质性

由于不同地区经济发展水平及资源禀赋迥然不同，企业数字化转型程度在不同地区也存在异质性,一般而言,东部地区的企业数字化转型程度会超过中部地区和西部地区。按照企业经营地所在的城市将全部样本分为东部地区、中部地区和西部地区。区域异质性回归结果见表4列(1)—(3),东部地区企业数字化转型的系数显著为正,中部地区数字化转型对企业出口韧性的影响不显著,而西部地区数字化转型反而会阻碍企业出口韧性的提升。出现此种情况主要原因可能是:首先,东部地区经济发达,信息化和网络化基础设施建设起步早、成熟度高,企业更容易获得数字化转型所需的技术支持,因此能够更快地将数字化应用于生产、销售、供应链管理等方面,提升出口效率和产品质量,拓宽海外市场。其次,东部地区集聚了大量的高素质人才和创新资源,企业有能力开展深层次研发和应用,从而在出口产品和服务中注入更多的创新元素,满足国际市场多元化需求。而中西部地区虽然也在积极进行数字化转型,但由于起步晚、基础薄弱,加上部分传统产业转型升级难度大,短期内难以迅速提升出口能力。最后,中西部地区的物流运输条件、金融服务体系等方面的短板也可能限制了其出口潜力的充分发挥,加之东部地区对中西部地区的虹吸效应,所以数字化转型并不能有效提升中西部地区企业出口韧性。总之,东部地区企业在数字化转型方面的优势使其在出口促进上效果更为显著,而中西部地区企业需要加大数字化建设,充分释放数字化转型对其出口的促进作用。

2. 股权性质异质性

根据企业的股权性质将样本分为国有企业和非国有企业,股权异质性结果如表4列(4)和列(5)所示。其中,国有企业的数字化转型回归系数为0.055,并不显著;非国有企业的数字化转型回归系数为0.019,在5%的水平上显著。说明国有企业实施数字化转型政策对出口韧性的作用不明显,而非国有企业实施数字化转型政策能够显著促进出口韧性的提升。产生这种差异的原因可能为:首先,根据国有企业效率双重损失论,国有企业受传统体制的影响,相对来说决策效益和管理水平比较低,非国有企业为了追求利润最大化,经营效率和创新效率都会高于国有企业,为企业数字化转型提供了良好的环境。其次,国有企业掌握国家的经济命脉,会受到国家政策支持,而非国有企业将面临激烈的市场竞争。在这种市场环境的驱动下,非国有企业实施数字化转型的动力要远远大于国有企业,往往会加大数字化转型投入的力度,而国有企业具有稳定的融资环境,与非国有企业相比,竞争意识、数字化转型动力较弱。

表 4　异质性分析结果 (一)

变　量	(1) 东部地区	(2) 中部地区	(3) 西部地区	(4) 国有企业	(5) 非国有企业
DIG	0.581* (1.79)	0.807 (0.31)	−0.330 (−0.15)	0.055 (0.56)	0.019** (1.99)
LEV	0.166 (0.92)	0.119* (1.15)	0.088 (0.82)	1.020 (0.07)	0.432 (1.24)
ROA	6.873*** (6.66)	5.539*** (9.00)	5.285*** (8.37)	6.897 (1.10)	1.407 (0.69)
TOB	0.083** (2.07)	0.050* (1.87)	0.068** (2.46)	1.229 (0.70)	0.076 (0.70)
CAS	0.849* (1.90)	0.103 (0.36)	0.159 (0.55)	4.684 (1.28)	0.435 (0.42)
PFA	0.439* (1.69)	0.058 (0.40)	0.009 (0.06)	0.448** (2.97)	0.061 (0.11)
IND	0.108 (0.15)	0.222 (0.61)	0.364 (0.98)	0.583 (1.18)	0.547 (0.43)
COM	0.219*** (4.92)	0.134*** (3.90)	0.133*** (3.77)	0.240** (1.97)	0.152* (1.59)
常数项	0.312 (0.96)	−0.123 (−0.72)	0.848*** (4.74)	5.531** (2.46)	0.356 (0.61)
时间固定效应	是	是	是	是	是
个体固定效应	是	是	是	是	是
N	3 084	1 437	1 205	2 967	2 759
R^2	0.292	0.286	0.429	0.109	0.167

注：*、**和***分别表示在10%、5%和1%的水平上显著,括号内为t值。

3. 要素特征异质性

参考李冬雪(2018)的做法[42],根据企业所属行业的要素特征分为技术密集型行业和非技术密集型行业,探究数字化转型对企业出口韧性是否会因企业所属行业不同而产生不同的影响。要素特征异质性分析结果如表5列(1)和列(2)所示,当企业所属行业的要素特征为技术密集型时,数字化转型对该类企业出口韧性的提升效果较好,数字化转型的系数为0.323,同时在1%的水平上显著。而当企业所属行业的要素特征为非技术密集型时,数字化转型对该类型企业出口韧性的提升效果不显著。可能是因为技术密集型行业在科技研发、技术积累及人才支持等方面具有较大优势,能够加快企业数字化转型进程,发挥科技创新优势提升产品质量、增强企业的竞争力的作用,从而抵御外部冲击,提升企业出口韧性。非技术密集型行业在数字化转型过程中可能面临技术应用难度较大等问题,并且该类企业往往会基于价格优势竞争,数字化转型可能无法改变其产品的基本竞争属性,对出口韧性的提升作用有限。

4. 企业规模异质性

不同规模的企业在资源配置、市场行为、生产效率、创新能力、融资渠道及成本等方面存在显著差异。如大规模企业可能受益于规模经济效应,拥有稳定的供应链和市场占有率,而中小规模企业可能更加灵活,但面临融资难题和市场较大风险。在国际贸易领域,异质性企业理论指出,企业规模等因素影响着企业的出口能力和国际竞争力。按规模划分,有助于深入探讨企业在全球价值链中的位置及其贸易模式。因此,以企业期末资产总额为依据将企业分为大企业和中小企业,其中,将期末资产总额大于所有企业资产总额中位数的企业划分为大企业,其余企业划分为中小企业。企业规模异质性分析结果如表5列(3)和列(4)所示,可以看出数字化转型能够提升大企业和中小企业的出口韧性,对大企业出口韧性的影响要大于对中小企业的影响。一方面,大企业由于规模较大,往往拥有更多的资源,大量资源的投入能够帮助大企业轻松地进行数字化转型、改进生产流程、扩大市场份额,从而提升出口韧性。另一方面,大企业拥有丰富的管理与经营经验,能够帮助企业更好地抵御外部风险,提升出口韧性。

(四)作用机制检验

为了探究其中的作用机制,构建包含出口产品质量、企业技术创新以及出口

表 5 异质性分析结果(二)

变量	要素特征异质性		企业规模异质性	
	(1)	(2)	(3)	(4)
	技术密集型	非技术密集型	大企业	中小企业
DIG	0.323***	0.251	0.173***	0.099*
	(6.32)	(0.19)	(2.06)	(1.33)
常数项	0.219***	0.134***	0.133***	0.240**
	(4.92)	(3.90)	(3.77)	(1.97)
控制变量	控制	控制	控制	控制
时间固定效应	是	是	是	是
个体固定效应	是	是	是	是
N	3 630	2 094	4 383	1 341
R^2	0.191	0.209	0.162	0.188

注：*、** 和 *** 分别表示在10%、5%和1%的水平上显著,括号内为 t 值。

产品多样化的中介模型：

$$M_{it} = \beta_0 + \beta_1 \text{DIG}_{it} + \beta_2 X_{it} + \mu_i + \rho_t + \varepsilon_{it} \tag{8}$$

$$RES_{it} = \gamma_0 + \gamma_1 \text{DIG}_{it} + \gamma_2 M_{it} + \gamma_3 X_{it} + \mu_i + \rho_t + \varepsilon_{it} \tag{9}$$

其中,M_{it} 为中介变量,β_1 为数字化转型对中介变量的影响系数,中介机制分析结果如表6所示。列(1)、列(2)和列(3)为数字化转型对中介变量的回归结果,系数均为正并在1%的水平上显著,说明数字化转型能够提升企业出口产品质量、促进企业技术创新以及增加出口产品多样化。列(4)、列(5)和列(6)中数字化转型的回归系数显著为正,并且小于基准回归结果中数字化转型的系数,说明数字化转型促进企业出口韧性的提升存在中介作用,分别通过出口产品质量、企业技术创新以及出口产品多样化这三种途径增加企业出口韧性。由此,假说2、假说3和假说4得以验证。

表6 作用机制检验结果

变量	(1) QUA	(2) TEC	(3) VAR	(4) RES	(5) RES	(6) RES
QUA				0.085* (2.21)		
TEC					2.244* (1.92)	
VAR						0.016*** (3.08)
DIG	0.522*** (7.56)	0.131*** (8.38)	1.227*** (5.02)	0.152*** (4.42)	0.288*** (3.53)	0.056* (1.52)
控制变量	控制	控制	控制	控制	控制	控制
时间固定效应	是	是	是	是	是	是
个体固定效应	是	是	是	是	是	是
N	5 726	5 726	5 726	5 726	5 726	5 726
R^2	0.107	0.205	0.130	0.128	0.198	0.116

注：*、**和***分别表示在10%、5%和1%的水平上显著，括号内为t值。

五、研究结论与对策建议

（一）研究结论

在当前全球化和竞争激烈的市场环境下，企业面临着如经济波动、贸易政策变化和市场需求不确定性等众多挑战，提高企业的出口韧性变得至关重要。良好的出口韧性能够帮助企业扩大出口市场份额，保持稳定的出口业务，提高企业的竞争力。数字化转型不再是企业发展的"辅助线"，而是关乎生存的"生命线"。笔者基于2008—2016年上市企业微观数据，从理论和实证两个方面分析了数字化转型对企业出口韧性的影响、作用机制以及异质性问题，主要研究结论为如下：(1)数字化转型能够提升企业出口韧性,经过内生性检验、缩小样本范围以及更换解释变量等多种稳健性检验后结论依然成立。(2)数字化转型提升企业出口韧性存在中介效应,出口产品质量、企业技术创新以及出口产品多样性是影响企业出口韧性的主要途径。(3)数字化转型提升企业出口韧性的影响在不同区域、不同股权性质、不同要素特征及不同规模的企业存在异质性,数字化转型能够提升东部地区、非国有企业的出口韧性,对中、西部地区以及国有企业出口韧性的促进作用不显著。

(二)对策建议

第一,把握数字化转型机遇。首先,企业要加大数字化技术投入,提高生产、管理、销售等环节的智能化水平,提升产品竞争力。积极融入相关产业链和价值链,与上下游企业建立紧密的合作关系,共同应对市场变化。其次,通过产业链整合,实现资源共享、风险分散,进而提高出口韧性。加快推动"单一窗口"对接、AEO互认合作,为外贸企业发展创造更为便利的营商环境。最后,加大政府对数字基础设施的投入力度,制定并实施一系列鼓励和引导企业进行数字化转型相关的战略与政策,引导企业进行数字化转型,包括通过提供数字技术支持、税收优惠、低利率贷款、财政补贴、资金支持和数字人才支持等措施,帮助企业更好地应对数字化转型挑战,为企业数字化转型提供良好的基础设施和数字化环境支持。

第二,充分考虑出口产品质量、企业技术创新以及出口产品多样化在提升出口韧性方面的机制作用。首先,以数字化转型赋能企业创新,鼓励企业加大对出口产品质量和技术创新的投入,促进企业技术创新成果的转化和应用。其次,根据市场需求和行业特点,灵活调整出口市场布局,在保持传统市场优势的同时,积极开拓新兴市场,鼓励企业开拓国际市场以及推出具有市场竞争力的多样化产品,实现市场多元化。最后,鼓励企业走出国门,迈向世界,积极参与国际竞争与合作,参与数字化国际合作,提升出口产品的多样性,提升出口韧性。

第三,数字化转型要因"企"而异。首先,全面推动企业数字化转型升级,要加大对全国各地区和各种所有制企业的数字化转型支持,重点关注这部分企业的数字化转型需求,制定差异化区域和行业扶持政策,提供专项引导资金、技术支持和服务平台建设,鼓励其采用先进信息技术改造传统生产流程和管理方式,缩小不同区域、不同产权性质、不同规模及不同要素特征的企业之间数字化转型差距。其次,优化国有企业的改革机制,推动国有企业深化改革,引入市场化激励机制,鼓励国有企业加大在技术研发和数字化转型上的投入,同时加强与民营企业的竞争与合作,提升国有企业的创新能力和出口韧性。最后,立足区域发展差异,加强企业间数字化转型差距的补齐,为企业提供具有针对性的技术咨询服务和培训服务,因"企"而异,通权达变,帮助企业克服数字化转型困难、转型不足的难关。

参考文献:

[1] ROBERT E., YING Z. State-owned Enterprises, Exporting and Productivity in China: A Stochastic Dominance Approach[J]. The World Economy, 2013, 36(8): 1000 – 1028.

[2] BÖRJE J., CHARLIE K, ROGER S. TheEmerging Digital Economy [M]. Springer, Berlin, Heidelberg, 2008.

[3] MAHBOUB H., SADOK H. Implementing enterprise digital transformation: a contribution to conceptual framework design[J]. Nankai Business Review International, 2023, 14(1): 35 – 50.

[4] BERMAN J. S. Digital transformation: opportunities to create new business models[J]. Strategy & Leadership, 2012, 40(2): 16 – 24.

[5] KATERYNA A., ANDRII B., OLEXANDR R., et al. Peculiarities of sustainable development of enterprises in the context of digital transformation[J]. Entrepreneurship and Sustainability Issues, 2020, 7(3): 2255 – 2270.

[6] MAHA S., AHMAD A., JEHAD A., et al.. Digital Transformation and Competitive Advantage in the Service Sector: A Moderated – Mediation Model[J]. Sustainability, 2023, 15(3): 2077 – 2077.

[7] MATT C., HESS T., BENLIAN A. Digital Transformation Strategies[J]. Business & Information Systems Engineering, 2015, 57(5): 339 – 343.

[8] 吴非,胡慧芷,林慧妍,等.企业数字化转型与资本市场表现——来自股票流动性的经验证据[J].管理世界,2021,37(7): 130 – 144,10.

[9] 张永珅,李小波,邢铭强.企业数字化转型与审计定价[J].审计研究,2021(3): 62 – 71.

[10] 王巍,姜智鑫.通向可持续发展之路:数字化转型与企业异地合作创新[J].财经研究,2023, 49(1): 79 – 93.

[11] DEMING D., and KAHN L. B. Skill Requirements across Firms and Labor Markets: Evidence from Job Postings for Professionals[J]. Journal of Labor Economics, 2018, 36

(S1)：S337-S369.

[12] 朱辰,华桂宏.数字化转型与企业长短期投资偏好关系研究[J].现代财经(天津财经大学学报),2023,43(7)：72-90.

[13] VIAL G. Understanding Digital Transformation：A Review and a Research Agenda[J]. Journal of Strategic Information Systems, 2019, 28(2)：118-144.

[14] 武常岐,张昆贤,周欣雨,等.数字化转型、竞争战略选择与企业高质量发展——基于机器学习与文本分析的证据[J].经济管理,2022,44(4)：5-22.

[15] 叶永卫,李鑫,刘贯春.数字化转型与企业人力资本升级[J].金融研究,2022,66(12)：74-92.

[16] 丁志帆.信息消费驱动下的传统产业变革：基本内涵与内在机制[J].经济学家,2020(3)：87-94.

[17] POL A. Conceptual Aspects of Global Value Chains[J]. World Bank Economic Review, 2020, 34(3)：551-574.

[18] NA L., ZIYANG L., XI Z. A Study on the Impact of Dynamic Visitor Demand on the Digital Transformation of Enterprises—Considerations Based on the Regional Innovation Environment and the Level of Big Data[J]. Sustainability, 2022, 15(1)：261-261.

[19] DIAL J. C. A. "A" for agriculture：A reviewof information and communication technologies for agricultural extension in developing countries[J]. Agricultural Economics, 2011, 42(6)：631-647.

[20] 高远东,裴馨.数字基础设施建设对地区经济差距的影响——基于"宽带中国"战略的准自然实验[J].财经问题研究,2023(8)：116-129.

[21] GOLDFARB A., TUCKER C. Digital Economics[J]. Journal of Economic Literature, 2019, 57(1)：3-43.

[22] YULIA V., VARDAN M., EUGENE L. Information provision of decision support systems in conditions of structural changes and digitalization of the economy[J]. Journal of Applied Engineering Science, 2019, 17(1)：74-80.

[23] 施炳展.互联网与国际贸易——基于双边双向网址链接数据的经验分析[J].经济研究,2016,51(5)：172-187.

[24] 李坤望,邵文波,王永进.信息化密度、信息基础设施与企业出口绩效——基于企业异质性的理论与实证分析[J].管理世界,2015(4)：52-65.

[25] 张鹏杨,刘蕙嘉,张硕,等.企业数字化转型与出口供应链不确定性[J].数量经济技术经济研究,2023,40(9)：178-199.

[26] 陈凤兰,武力超,戴翔.制造业数字化转型与出口贸易优化[J].国际贸易问题,2022,

(12):70-89.

[27] 戴翔,曾令涵,徐海峰.企业数字化转型提升出口韧性:机理及实证[J].中国软科学,2023(5):44-53.

[28] 魏昀妍,龚星宇,柳春.数字化转型能否提升企业出口韧性[J].国际贸易问题,2022(10):56-72.

[29] RAISINGHANI S. M. The Economics of Electronic Commerce[J]. Journal of Global Information Technology Management, 2000, 3(3):79-81.

[30] 徐毅,王志强,邓小华.数字经济与外贸高质量发展——基于全国经验数据的实证研究[J].价格月刊,2023,No.552(5):31-39.

[31] RAMASWAMY V., OZCAN K. Brand value co-creation in a digitalized world: An integrative framework and research implications[J]. International Journal of Research in Marketing, 2016, 33(1):93-106.

[32] LYYTINEN K., YOO Y., BOLAND J. R. J. Digital product innovation within four classes of innovation networks[J]. Information Systems Journal, 2016, 26(1):47-75.

[33] CANFEI H., TAO C., SHENGJUN Z. Do not put eggs in one basket: related variety and export resilience in the post-crisis era[J]. Industrial and Corporate Change, 2022, 30(6):1655-1676.

[34] KIMM S. G. Development Aid and Export Resilience in Developing Countries: A Reference to Aid for Trade[J]. Economies, 2022, 10(7):161-161.

[35] 吴非,胡慧芷,林慧妍,任晓怡.企业数字化转型与资本市场表现——来自股票流动性的经验证据[J].管理世界,2021,37(7):130-144+10.

[36] 王靖茹,姚颐.企业数字化转型、容错机制与研发创新[J].外国经济与管理,2023(9):38-53.

[37] HUMMELS D., KLENOW P. J. The Quality Segment and Quality of a Nation's Exports[J]. American Economic Review, 2005, 95(3):704-723.

[38] KHANDELWAL K. A., SCHOTT K. P., WEI S. Trade Liberalization and Embedded Institutional Reform: Evidence from Chinese Exporters[J]. The American Economic Review, 2013, 103(6):2169-2195.

[39] 赵涛,张智,梁上坤.数字经济、创业活跃度与高质量发展:来自中国城市的经验证据[J].管理世界,2020(10):65-76.

[40] 祁怀锦,曹修琴,刘艳霞.数字经济对公司治理的影响——基于信息不对称和管理者非理性行为视角[J].改革,2020(4):50-64.

[41] BAI J. Panel data models with interactive fixede effects[J]. Econometrica, 2009(4):

1229-1279.

[42] 李雪冬,江可申,夏海力.供给侧改革引领下双三角异质性制造业要素扭曲及生产率比较研究[J].数量经济技术经济研究,2018(5):23-39.

 点评

论文探讨了数字化转型对企业出口韧性的作用机制与效应,研究视角新颖,具有重要的现实意义。文章整体结构清晰,逻辑严谨,遵循了"引言—文献综述—理论分析—实证研究—结论与建议"的范式,符合学术论文的基本规范。在写作方面,文章语言表达较为流畅,专业术语使用准确,理论分析与实证研究紧密结合,能够较好地支撑研究结论。特别是在实证部分,作者详细介绍了数据来源、变量设定、模型构建以及稳健性检验等环节,为读者提供了清晰的研究路径,体现了严谨的学术态度。然而,部分段落存在信息过于密集的问题,可适当增加段落分隔,以提升可读性。引用文献在文末详细列出,体现了良好的学术诚信和规范意识。

中国数字经济与乡村振兴耦合协调时空演化特征及影响因素研究[①]

罗 健* 牛飞亮

摘要：乡村振兴与数字经济的耦合协调发展，对实现数字乡村建设、缩小城乡差距、促进共同富裕和经济高质量发展等意义重大。本研究基于乡村振兴与数字经济内涵，运用熵值法、耦合协调模型、面板Tobit模型与面板门槛模型，分析影响两系统协调度的影响因素。结果表明，城镇化水平、经济发展水平、贸易出口状态和教育资本水平对两系统耦合协调发展有显著的正向作用且这些因素的影响作用存在明显的区域异质性。

关键词：数字经济；乡村振兴；耦合协调；影响因素

引言

数字经济发展水平是衡量国家发展状况的重要标准之一，在有关数字经济测度的研究中，金灿阳等学者发现，中国数字经济发展水平呈现从东部向西部逐渐递减的趋势。数字经济关系网络基本形成，集聚效应和溢出效应不断增强。王军等学者发现，我国数字经济的发展水平越来越高，但各区域间存在显著的异质性，东部地区对数字经济发展水平的贡献最大，"东中西部"和"沿海向内陆"的空间趋势依次递减，大多数地区处于低水平，长期保持稳定，没有过渡。数字经济发展的不充分和不平衡仍然严重。国外学者Skvarciany等基于OECD开发的数字经济评估方法，修改小组及其指标并为其分配权重，通过提供一组新的指

[①] 原题《数字经济与乡村振兴耦合协调度影响因素分析》，载《时代经贸》2024年第2期。收入本书时略有修改。

* 罗健，男，喀什大学数学与统计学院，应用统计2021级硕士研究生，研究方向为金融统计与风险管理。

标来评估数字经济的水平。国内学者普遍采用信息熵赋权,以评估数字经济的水平。在有关乡村振兴的研究中,谭燕芝等学者认为数字惠普金融对乡村振兴的影响是巨大的,各区域之间仍存在不同程度的区域差异,东部地区已形成明显的空间联动格局,但中西部地区不明显。刘赛红等学者发现,金融资源配置与乡村产业振兴之间存在双向促进效应,两者都具有显著的空间溢出效应,其空间相互作用溢出效应的大小和方向在空间和时间上都是异质的。张挺等学者认为,从产业兴旺、生态宜居、乡风文明、治理有效和生活富裕这五个方面研究乡村振兴比较合理。何育静等学者认为,城镇化水平、经济发展水平等多种因素会对农村基本公共服务与乡村振兴耦合协调度产生影响,并且对两者协调度存在区域异质性。

综合上述文献可知,数字经济可从数字经济基础设施、数字产业化水平、产业数字化水平和数字化治理四个方面进行分析,乡村振兴可从产业兴旺、生态宜居、乡风文明、治理有效和生活富裕五个方面进行考查。本文的创新点在于:运用较为完善的指标,从多个维度分析乡村振兴与数字经济的发展水平,使用耦合协调模型获得其协调度指数,采用面板计量模型分析影响两系统协调度的因素。

模型介绍

(一)模型构建

(1)耦合协调度模型。该模型可以判断两个及以上系统之间的相互作用、相互影响的程度:

$$C = \left[\frac{u_1 u_2}{2(u_1 + u_2)}\right]^{1/2}$$

$$T = \alpha u_1 + \beta u_2$$

$$D = \sqrt{C \times T}$$

其中,C 为数字经济与乡村振兴两个系统的耦合度,取值在 0—1 之间,取值越大表示两个系统的耦合度越高;T 代表两个系统的综合协调指数,反映两个系统对协调度的贡献水平,满足 α+β=1;D 为耦合协调度,取值也在 0—1 之间,取值越大表示两个系统的耦合协调度越高。

(2)面板门槛回归模型。以城镇率为门槛变量构建非线性的面板模型,考察在不同城市化水平下,变量对数字经济与乡村振兴的非线性影响。设定双门槛模型:

$$y_{it} = u_i + \beta_1 x_{it} I(q_{it} \leq \gamma_1) + \beta_2 x_{it} I(\gamma_1 < q_{it} \leq \gamma_2) \\ + \beta_3 x_{it} I(q_{it} > \gamma_2) + \sum \varphi_{z_{it}} + e_{it}$$

其中,i 表示不同地区,t 表示不同年份,y_{it} 为被解释变量,x_{it} 为解释变量,u_i 为用于表示控制不同地区无法观察的个体特征,I 为示性函数,q_{it} 为门槛变量,γ_1、γ_2 为待估计的门槛值,Z 表示控制变量组,$\varphi_{Z_{it}}$ 为相应的参数向量,e_{it} 为随机扰动项。

(3)面板 Tobit 模型。乡村振兴与数字经济耦合协调度 D 的取值在 0—1 之间,D 作为被解释变量属于受限变量,采用 Tobit 模型分析耦合协调度的影响因素。模型设定如下:

$$y_{it}^* = x_{it}\gamma + \varepsilon_{it} \begin{cases} y_{it}^* = y_{it}, if\ 0 < y_{it} << 1 \\ y_{it} = 0, if\ y_{it} < 0 \\ y_{it} = 1, if\ 1 < y_{it} \end{cases}$$

式中,y_{it}^* 为潜变量,y_{it} 为观察到的因变量,γ 为自变量系数,ε_{it} 为随机扰动项。

(二)数据来源和指标选取

(1)数据来源。本文选取 2013—2020 年我国 30 个省、市、自治区(不含西藏、港澳台地区)的相关数据,数据来源于国家统计局、各省市统计年鉴、《中国统计年鉴》、《中国城乡建设统计年鉴》、北京大学数字金融研究中心、中国工信部、RESSET 宏观数据库。

(2)指标体系构建。本文从四个维度测算数字经济。数字经济发展载体使用互联网宽带接入端口数、互联网宽带接入用户数、每千人拥有域名数、电子阅览室终端数、移动电话基站数、电话普及率和光缆线路长度衡量;数字经济产业化使用电信业务总量、快递量、软件业务收入、信息传输、软件和信息技术服务业就业人员衡量;产业发展数字化使用数字电视用户数、企业每百人使用计算机数、电子商务销售额、有网站的企业占比和电子商务交易活动的企业数比重衡量;数字化治理使用北京数字普惠金融指数、国内发明实用外观三种专利授权数、企业 R&D 经费以及法人单位信息传输计算机服务和软件业衡量。

本文从五个维度测算乡村振兴,产业兴旺使用土地生产率、亩均机械动力、人均生产面积和产粮水平衡量;生态宜居使用污水处理覆盖面积、村庄供水普及率、村庄燃气普及率和森林覆盖率衡量;乡风文明使用公共教育支出财政占比、单位人口拥有公共图书馆藏量衡量;治理有效使用城乡居民差距、水源配置、行政村比例和道路硬化程度衡量;生活富裕使用村庄人均住宅建筑面积、农村居民人均可支配收入和农村家庭平均每人年消费性支出衡量。

(3)指标选取。本文从经济、社会、教育、对外贸易状态四个方面分析对协调度指标的影响(见表1)。

表1 变量指标说明

指标性质	指标名称	符号	指标测度
被解释变量	系统间耦合协调度	xtd	乡村振兴与数字经济耦合协调度
核心解释变量	城镇率	urban	城镇常住人口/总常住人口
控制变量	经济发展水平	lngdp	人均 GDP 对数处理
	教育资本水平	lnedu	师生比的倒数
	贸易出口状态	lnopen	出口额/进口额

实证分析

结合相应指标体系与熵值法,分别测算数字经济与乡村振兴综合评价指数,对其耦合协调度进行评估,采用面板门槛模型与面板 Tobit 模型对影响因素进行探究。

(一)数字经济和乡村振兴耦合协调度指数

通过上述构建的数字经济与乡村振兴指标体系,运用熵值法分别计算数字经济与乡村振兴发展指标,随后采用耦合协调模型,根据数字经济与乡村振兴发展指数计算出两系统耦合协调度,得到数字经济与乡村振兴耦合协调度指数。2013—2020 年各省份及全国数字经济与乡村振兴耦合协调度指数如表2、表3所示。

表2 2013—2020年各省份数字经济与乡村振兴耦合协调度指数

	2013	2014	2015	2016	2017	2018	2019	2020
安徽	0.322	0.348	0.380	0.407	0.451	0.494	0.528	0.558
北京	0.536	0.556	0.581	0.597	0.625	0.654	0.685	0.704
福建	0.419	0.447	0.478	0.520	0.572	0.602	0.633	0.650
甘肃	0.221	0.241	0.266	0.279	0.315	0.341	0.359	0.383
广东	0.533	0.563	0.592	0.617	0.671	0.716	0.782	0.806
广西	0.287	0.312	0.334	0.352	0.383	0.415	0.458	0.489
贵州	0.247	0.271	0.299	0.312	0.362	0.393	0.422	0.449
海南	0.294	0.316	0.342	0.350	0.363	0.377	0.400	0.419
河北	0.378	0.396	0.423	0.439	0.467	0.495	0.527	0.559
河南	0.350	0.376	0.405	0.423	0.460	0.496	0.529	0.562
黑龙江	0.284	0.299	0.311	0.317	0.345	0.354	0.369	0.382
湖北	0.349	0.372	0.406	0.432	0.465	0.506	0.545	0.564
湖南	0.341	0.364	0.390	0.410	0.456	0.479	0.512	0.544
吉林	0.254	0.274	0.291	0.302	0.333	0.344	0.357	0.386
江苏	0.555	0.582	0.615	0.644	0.675	0.711	0.742	0.776
江西	0.296	0.318	0.346	0.362	0.410	0.440	0.472	0.502
辽宁	0.354	0.366	0.388	0.391	0.410	0.422	0.441	0.456
内蒙古	0.248	0.269	0.293	0.311	0.336	0.348	0.367	0.382
宁夏	0.232	0.254	0.272	0.281	0.309	0.328	0.341	0.363
青海	0.220	0.242	0.269	0.280	0.290	0.313	0.327	0.341
山东	0.517	0.536	0.569	0.583	0.613	0.644	0.671	0.705
山西	0.305	0.323	0.343	0.352	0.380	0.405	0.416	0.434
陕西	0.319	0.338	0.360	0.377	0.401	0.424	0.472	0.516

续表

	2013	2014	2015	2016	2017	2018	2019	2020
上海	0.544	0.573	0.595	0.610	0.617	0.637	0.656	0.676
四川	0.339	0.360	0.392	0.413	0.474	0.512	0.551	0.579
天津	0.392	0.419	0.443	0.448	0.468	0.479	0.514	0.548
新疆	0.278	0.295	0.314	0.322	0.339	0.370	0.369	0.399
云南	0.269	0.288	0.311	0.327	0.360	0.385	0.424	0.447
浙江	0.549	0.570	0.611	0.640	0.659	0.687	0.727	0.772
重庆	0.297	0.333	0.361	0.391	0.435	0.469	0.499	0.524

表3 2013—2020年全国及东、中、西部地区数字经济与乡村振兴耦合协调度指数

	2013	2014	2015	2016	2017	2018	2019	2020
全国	0.351	0.373	0.399	0.416	0.448	0.475	0.503	0.529
东部	0.461	0.484	0.512	0.531	0.558	0.584	0.616	0.643
中部	0.313	0.334	0.359	0.376	0.413	0.440	0.466	0.492
西部	0.269	0.291	0.316	0.331	0.364	0.391	0.417	0.443

（二）耦合协调外部影响因素分析

（1）面板回归分析。通过VIF检验发现各变量VIF<10，存在多重共线性，详细结果见表4。城市化水平变量通过双门槛效应检验（见表5）。表6显示，第一、第二门槛值分别为0.7215、0.8674，其中，5%显著水平的置信区间对应为[0.7158,0.7217]以及[0.8660,0.8692]。对Tobit面板进行LR检验发现，拒绝"采用面板Tobit模型"的原假设，本文采用随机效应面板Tobit模型进行回归分析。表7的面板门槛回归结果显示，城镇化率（urban）为门槛变量，其中，门槛变量urban（$\gamma \leqslant 0.7215$）时，城镇率的作用系数为1.355并在1%的水平上显著；门槛变量urban（$0.7215 < \gamma \leqslant 0.8674$）时，城镇率的作用系数为1.401并在1%的水平上显著；门槛变量urban（$0.8674 < \gamma$）时，城镇率的作用系数为1.482并在1%的

水平上显著,其余变量的显著性水平相同且均为正向影响。

表4 VIF 检验结果

变 量	VIF	1/VIF
urban	3.02	0.324
lngdp	3.09	0.331
lnopen	1.28	0.785
lnedu	1.05	0.952
Mean VIF	2.11	0.474

表5 门槛效应检验结果

门槛数F	统计量	P值	Bootstrap	临界值		
				10%	5%	1%
单一门槛	46.24	0.026	500	32.575 8	40.343 4	55.436 9
双重门槛	35.50	0.062	500	31.440 4	37.467 5	45.628 3
三重门槛	15.96	0.704	500	50.572 2	50.572 2	70.842 4

表6 门槛值估计

门槛变量	门槛估计值	置信区间
第一门槛值	0.721 5	[0.715 8, 0.721 7]
第二门槛值	0.867 4	[0.866 0, 0.869 2]

表7 面板 Tobit 与门槛回归结果

变 量	面板 Tobit 模型	面板门槛回归
urban	1.171***	——
lngdp	0.080***	0.043 2**

续表

变　　量	面板 Tobit 模型	面板门槛回归
lnopen	0.021***	0.013 3**
lnedu	0.088 9**	0.052 9
_cons	−0.785***	−0.669 6**
urban($\gamma \leq 0.721\,5$)	—	1.355***
urban($0.721\,5 < \gamma \leq 0.867\,4$)	—	1.401***
urban($0.867\,4 < \gamma$)	—	1.482***
R^2	—	0.891 4

注：*、**、*** 分别表示在 10%、5%、1% 的水平下显著，下同。

为了研究外部因素影响是否存在区域异质性，本文进行全国范围的 Tobit 回归后，对东部、中部、西部三个区域分别进行面板 Tobit 回归分析（见表8）。从 Tobit 回归结果来看：

表8　全国及东、中、西部地区回归结果

	全　国	东部地区	中部地区	西部地区
urban	1.171***	1.005***	1.855***	0.744***
lngdp	0.080***	0.132***	0.018 7	0.122***
lnopen	0.021***	−0.021	0.009 0	0.014 8***
lnedu	0.088 9**	0.345***	−0.066 9*	0.043 4
_cons	−0.785***	−0.520	−1.020***	−1.687***
Sigma_u	0.109***	0.144***	0.123 2***	0.085***
Sigma_e	0.026***	0.032***	0.013 6***	0.017***
rho	0.947	0.954	0.988	0.962
LR 检验 P 值	0.000	0.000	0.000	0.000

第一,分析城镇率(urban)的影响可知,全国范围与东部、中部、西部三个区域的城镇率水平对乡村振兴与数字经济耦合协调度的影响显著为正,说明城镇化水平的提高会促进耦合协调度的提升,并且回归系数呈现中部、东部、西部逐渐减小的趋势。造成此现象的原因在于,中部地区的城镇率对提升数字经济基础性建设、带动乡村基础设施完备有重要作用,同时,中部乡村振兴与数字经济的耦合协调度发展产生了更多的边际效应;东部地区的城镇率较高,已经取得了显著成绩,但其发展已到达瓶颈,需要找到新的发展方向;西部城镇化水平的提升对两系统耦合协调度影响最小,原因在于西部地区的城镇化水平不高,城镇化对两系统的耦合协调度影响还有待提高。

第二,分析经济发展(lngdp)水平的影响可知,全国范围与东部、西部两个区域的经济发展水平对乡村振兴与数字经济耦合协调度的影响显著为正,说明经济水平的提高会促进耦合协调度的增长,表明经济发展水平对东部地区两系统耦合协调度影响最为明显,西部地区次之,中部地区影响不显著。造成此现象的原因在于,东部的发展水平远高于其他地区,东部地区拥有更加充足的资金投入乡村振兴与数字经济的建设;西部地区的经济发展水平比较落后,拥有巨大的发展空间,并且西部较落后地区会受到东部地区资金与技术的支援,所以东部的高水平发展会联动西部的发展;中部地区的经济发展水平处于中等水平,中部地区应当注意发展的协调性与发展的质量,将经济发展的成果惠及乡村,加强乡村振兴与数字经济的耦合协调发展。

第三,分析贸易出口状态(lnopen)的影响可知,全国范围与西部的经济发展水平对乡村振兴与数字经济耦合协调度的影响显著为正,说明贸易顺差度的提高会促进耦合协调度的增长,但是东部与中部地区并不显著。原因可能是东部临海贸易出口水平已经比较稳定,变化趋势不大,所以贸易出口对东部两系统耦合协调影响不明显。对中部地区而言,贸易主要对外,所以在内陆影响逐渐减小。

第四,分析人均教育资本水平(lnedu)的影响可知,教育资源的增加对东部地区有极强的促进作用,东部地区能留住人才,教育与发展融合度较高,对两系统耦合协调度有明显的促进作用;出现中部教育发展水平与数字化、乡村振兴建设水平不符的现象,是因为中部地区存在明显的人才流失现象,教育不能完全为本地发展提供帮助,因此产生负向作用;西部地区的教育水平有限,教育对发展影响度不高,使西部教育资源的增长对数字经济与乡村振兴的耦合协调度发展无明显影响,西部地区应当注意发展高质量教育,提升地方人才吸引力,在培育人才的同时留住人才,提高两系统耦合协调发展。

（2）稳健性检验。本文采用替代变量法检验回归结果的稳健性,在以往的研究成果中,有学者使用居民消费价格指数(CPI)对经济发展水平进行衡量,因此,本文使用居民消费价格指数(CPI)替换原有的人均GDP的经济衡量指标,其他变量保持不变,同时对全国范围及东部、中部与西部三大区域进行检验(见表9)。

表9 稳健性检验结果

变量	全国	东部地区	中部地区	西部地区
urban	1.575***	1.653***	1.923***	1.489***
lncpi	1.103***	1.002*	0.373	0.990***
lnopen	0.019***	−0.036	0.009	0.015***
lnedu	0.0792**	0.313***	−0.064*	0.040
_cons	−5.407***	−4.467*	−2.598**	−4.918***
Sigma_u	0.138***	0.243***	0.123***	0.108***
Sigma_e	0.025***	0.031***	0.013***	0.017***
rho	0.970	0.984	0.988	0.977
LR检验P值	0.000	0.000	0.000	0.000

检验结果表明,从全国范围分析,城镇率、经济发展水平、贸易出口状态、教育资本水平的回归系数都为正,并且在5%的显著性水平上显著,相比于主体回归结果,变量系数有所变动,变量符号没有发生改变。从三大区域来看,除个别变量显著性发生改变外,回归系数的方向未变,所得到的结果基本与主体回归一致,所以主体回归结果是稳健的。

研究结论

本文通过面板门槛模型与面板Tobit模型,对乡村振兴与数字经济耦合协调发展展开分析,研究发现:第一,城镇化水平、经济发展水平、贸易出口状态和教育资本水平等外部因素对两系统耦合协调性发展有显著的正向作用;第二,外部影响因素的作用存在明显的区域异质性,城镇化水平对数字经济与乡村振兴的耦合协调度有明显的促进作用。经济发展水平对东部、西部促进作用明显,对中部无明显促进作用。贸易出口状态对东部、中部促进作用不明显,但对西部存在明显促进作用。教育资本发展水平对东部地区发展有明显的促进作用,对中部地区发展有一定抑制效果,对西部地区发展无显著促进作用。

参考文献:

[1] 金灿阳,徐蔼婷,邱可阳.中国省域数字经济发展水平测度及其空间关联研究[J].统计与信息论坛,2022(6):11-21.

[2] 王军,朱杰,罗茜.中国数字经济发展水平及演变测度[J].数量经济技术经济研究,2021(7):26-42.

[3] Skvarciany, Viktorijai, Jurevicien, Daival. An Approachto the Measurement of the Digital Economy[J]. Forum ScientiaeOeconomia, 2021(3):89-102.

[4] 谭燕芝,李云仲,叶程芳.省域数字普惠金融与乡村振兴评价及其耦合协同分析[J].经济地理,2021(12):187-195+222.

[5] 刘赛红,杨颖.金融资源配置与乡村产业振兴的交互作用及其空间溢出效应[J].经济问题,2021(11):98-106.

[6] 张挺,李闽榕,徐艳梅.乡村振兴评价指标体系构建与实证研究[J].管理世界,2018(8):99-105.

[7] 何育静,张炜炜.中国省域农村基本公共服务与乡村振兴耦合协调发展及影响因素分析——基于农村多维相对贫困视角[J].重庆社会科学,2022(8):48-68.

[8] 温磊,张瑞琛.数字经济赋能乡村振兴的影响机理研究[J].河南科技大学学报(社会科学版),2022(4):25-30.

[9] 郭朝先,苗雨菲.数字经济促进乡村产业振兴的机理与路径[J].北京工业大学学报(社会科学版),2022(10):1-11.

[10] 赵冰,王伟,李红陞.数字经济下新型电商助力乡村振兴的机制和路径研究[J].石家庄学院学报,2022(5):65-68+136.

[11] 高淑娟.数字经济赋能乡村振兴的内在机理与实践路径[J].南方农业,2022(16):175-177.

[12] 刘成坤,江越,张启慧,朱杏芳.数字经济发展水平的统计测度及时空演变趋势研究[J].工业技术经济,2022(2):129-136.

［13］杨玉敬.数字经济与乡村振兴耦合协调发展水平研究［J］.技术经济与管理研究，2022（7）：14-19.

［14］孟令国,陈烜.农村金融发展和乡村振兴的耦合分析及空间溢出效应——以广东省20个地级市为例［J］.广东财经大学学报,2022（5）：100-112.

［15］王鸥,杨稽琨.乡村振兴背景下农村高质量发展研究——以甘肃省为例［J］.时代经贸,2023（2）：5-11.

 点评

  论文在学术写作规范方面表现出色。作者基于翔实的数据和科学的模型，深入分析了数字经济与乡村振兴的耦合协调关系，逻辑严密，论证充分。文章结构清晰，层次分明，内容表述准确，专业术语使用恰当。在学术诚信方面，作者严格遵循了学术论文的引用和注释规范，详细列出了参考文献，确保了研究的真实性和可靠性。此外，文章还采用了多种分析方法，如熵权法、耦合协调模型等，增强了研究的科学性和说服力。总体而言，这是一篇具有较高学术水平的论文，为数字经济与乡村振兴的研究提供了新的思路和方法，对于推动相关领域的理论研究和实践发展具有重要意义。

将"速度"引入新媒体艺术研究
——以影像艺术中的速度问题为例①

黄雨璇*

摘要：艺术的速度研究不能照搬文学理论中"叙事速度"的相关研究，也不能忽视艺术作品内部速度变化，即作品中行为动作的加快或放缓。以影像艺术为例，新媒体时代，媒介技术的发展使得影像艺术作品内部的速度变化现象越发突出，总体上呈现为加速趋势，与此同时，慢速美学、慢速艺术的呼声越来越大。新媒体时代的艺术研究有义务对此进行关注与回应，认识到在影像艺术作品中的速度从稳定到变化、影像艺术理论从追求加速到倡导慢速的发展背后，是从客观再现到感知再现的影像真实观，以及从单线性到多重性的时间认知的变迁。将"速度"引入新媒体艺术研究，是对新媒体艺术中时间特殊性的认识，是对艺术速度研究的完善，亦是对如何栖居于当下时代的思考。

关键词：速度；影像艺术；新媒体；真实；时间

"速度"的概念在物理学中是指物体运动的快慢，其计算公式为 $v=\Delta x/\Delta t$，即速度等于位移除以时间。由此可知，"速度"与时间紧密相关。在加速社会的背景下，"速度"正逐渐跳出物理学领域，以时间社会学和文化研究的关键概念出场，相关研究与理论愈加丰富。对此，我们仍需要提出的问题是：现有关于艺术与速度的研究足以解释新媒体时代艺术领域的速度变化现象了吗？影像艺术与时间之间的密切、复杂联系，使得影像艺术在艺术与速度问题的研究中占据重要位置。因此，从影像艺术中的速度问题切入，有助于我们对上述问题作出回答。

---

① 《将"速度"引入新媒体艺术研究——以影像艺术中的速度问题为例》，载《外国美学》2024 年第 1 期。收入本书时略有修改。
* 黄雨璇，女，上海大学文学院 2021 级博士研究生，研究方向为文艺学。

答案当然是否定的。一方面,文学理论中对书面文学叙事速度的分析不能涵盖与适用于影像艺术中的速度分析。热拉尔·热奈特(Gérar Genette)在《新叙事话语》(*Nouveau discours du recit*, 1983)中明确指出:"与电影甚至音乐相反,规定阅读的'正常'速度是根本不可能的。"[1]赵炎秋教授也指出,文学叙事速度的快慢不同于电影中的快镜头与慢镜头,并非真正加快或放慢了行为动作的速度,而是一种叙述上的省略跳跃或铺陈联想[2]。另一方面,以保罗·维利里奥(Paul Virilio)的竞速美学为代表的加速理论[3]对艺术内部的速度,即内在于艺术作品的动作行为的快慢,未予以充分关注[4]。在对速度与艺术的分析中,维利里奥始终将视线聚焦于现代艺术,其所讨论的速度侧重于技术的加速[5],这一技术的加速作为生活经验与技术基础的存在与艺术相互作用,因而,在新媒体时代得以凸显的艺术内部速度变化为其所忽视。在已有艺术与速度研究的基础上,我们需要继续思考的是:新媒体时代,艺术中的速度与此前有何不同?在追求"加速"之外,对"慢速"的倡导如何得以兴起?进一步地,如何深入理解艺术中的速度变化以及速度美学从追求加速到倡导慢速的发展历程?这些现象又关乎哪些不容忽视的问题?

一、媒介技术发展下的影像艺术加速史

"影像艺术"一词的含义在实际使用中较为繁杂。其最初所指为静态摄影,后又指称实验电影和录像艺术等动态视频艺术,数字技术的发展则使得新媒体

---

[1] [法]热拉尔·热奈特:《叙事话语 新叙事话语》,王文融译,中国社会科学出版社1990年版,第53页。

[2] 参见赵炎秋:《再论叙事速度中的慢叙——兼论热奈特的慢叙观》,《文艺理论研究》2003年第4期,第66—73页。

[3] 法国学者保罗·维利里奥(Paul Virilio)明确将"速度"作为美学理论核心议题、赋予其以本体论意义。此后,哈特穆特·罗萨(Hartmut Roas)、韩炳哲(Byung-Chul Han)、贝尔纳·斯蒂格勒(Bernard Stiegler)等人沿此道路继续推进对技术、艺术与时间的研究。

[4] 需要补充的是,维利里奥在其论述中也曾以电影《红菱艳》(*The Red Shoes*, 1948)为例谈及影像艺术中帧速率的变化,但其侧重点在于将其作为电影这一"视觉义肢"的体现,由此来论述人们借助电影这一加速技术实现了对其视觉识别能力的拓展,而非强调电影中速度变化本身所具有的艺术效果与美学意义。参见 Paul Virilio, *The Art of The Motor*, trans. by Julie Rose, Minneapolis: University of Minnesota Press, 1995, p. 69.

[5] 哈特穆特·罗萨即认为维利里奥将加速仅仅还原为信息技术的加速,这对加速现象的讨论而言视角过于狭窄与单调,因而其指出维利里奥的速度美学理论缺乏系统性的论述,并未真正建立完整系统化的加速美学批判。参见[德]哈特穆特·罗萨:《加速:现代社会中时间结构的改变》,董璐译,北京大学出版社2015年版,第70页。

艺术也被纳入其中。概括而言,狭义上的影像艺术特指"录像艺术"①(video art),广义上的影像艺术(image art)则包含静态影像艺术与动态影像艺术,如瓦尔特·本雅明(Walter Benjamin)在《机械复制时代的艺术》(Das Kunstwerk im Zeitalter seiner technischen Reproduzierbarkeit, 1935)一文中将摄影和电影作为以机械复制技术为基础的影像艺术,约翰·伯格(John Berger)则认为"影像是重造或复制的景观。……每一影像都体现一种观看方法"②。结合以上理解以及"影像"在数字时代的发展,本文将影像艺术界定为涵盖摄影、电影、电视、录像及其融合数字技术后的诸多表现形态在内的艺术类型。影像艺术的本质是时间的艺术,借助影像,艺术家和观众们得以记录、改变、转化、浓缩、展开和颠倒时间流。艺术理论家、哲学家毛里奇奥·拉扎拉托(Maurizio Lazzarato)认为,影像对艺术史的最基本贡献便是能够探索时间经验和持续时间的复杂性。而在这一过程中,影像艺术"最为重要也是唯一的独特能力是其通过调节时间,聚合或扩大、凝固或延长我们对时间的感知"③,即影像艺术的独特之处之一在其能对影像时间的速度进行调节。

从其技术基础出发,影像艺术的速度主要包括快门速度(shutter speed)、帧速率(frame rate)以及叙事速度(narrative speed)三个方面。其中帧速率又包括拍摄帧速率和播放帧速率两方面。在媒介技术的不断革新下,影像艺术创作与观看中的各种速度不断变化、丰富。但总体来看,从其诞生到进入新媒体时代,影像艺术的发展史亦是一部加速史。

(一)快门速度的加速

摄影艺术是影像艺术的最初形式。数字时代之前,得到一张静态影像必须经过曝光这一过程。曝光时间越短,即快门速度越快,成像也就越快。快门速度不仅影响摄影的成像时间,还影响影像的亮度与清晰度。对更短的曝光时间即更快的快门速度的追求,在很大程度上推动了影像技术与影像艺术的发展。

19世纪20年代,现存最早的照片《窗外》(见图1)由法国人尼埃普斯(Joseph Nicéphore Nièpce)使用"日光蚀刻法"拍摄,曝光时间长达八个多小时,

---

① 出现于20世纪六七十年代,以录像带或胶片作为载体,或者由摄像机拍摄录制而成的实验性视频作品,代表性艺术家为白南准(Nam June Paik)、比尔·维奥拉(Bill Viola)等。
② [英]约翰·伯格:《观看之道》,戴行钺译,广西师范大学出版社2005年版,第3页。
③ [德]卢茨·科普尼克:《慢下来:走向当代美学》,石甜、王大桥译,东方出版社2020年版,第194页。

且得到的图像十分模糊。1837年,"摄影之父"路易·达盖尔(Louis Daguerre)使用"银版摄影法"拍摄了照片《工作室一角》(见图2),曝光时间缩短到三十分钟以内,照片也更加清晰。1851年,阿切尔(Fredrick Scott Archer)发明的"火棉胶摄影法"(又称"湿版摄影法")则将曝光时间缩短到15秒至1分钟。1871年,英国医生马多克思在《英国摄影》杂志上介绍了溴化银乳剂的制法,使得曝光时间缩短到1/25—1/10秒。1851年,亨利·塔尔博特(Henry Talbot)第一次完成高速摄影,获得了清晰的物体瞬间形象,此时的快门速度已经达到了1/2000秒。1884年,胶片的发明奠定了未来近一百二十年摄影底片发展的基础,后柯达相机、莱卡相机等发明使得相机逐渐轻便化,快门也从手动快门发展为机械快门,拍照的速度和灵活性得到不断提高。

图1　尼埃普斯的摄影作品《窗外》　　图2　达盖尔的摄影作品《工作室一角》

然而,直到1982年,法国摄影师阿道夫·欧仁·迪斯德里(Adolphe Eugène Disdéri)仍然认为要继续加快速度,以获得即时性。数码相机的诞生则实现了迪斯德利的所追求的即时性。1975年,斯蒂芬·杰·塞尚(Steven J.Sasson)依据电荷耦合器件(即CCD)图像传感器技术,成功制造出世界上第一台数码相机。采用CCD的数码相机利用光学电控影像表面的电荷积累时间来操纵快门,实现了相机快门由机械快门向电子快门的发展。如今,与机械快门大多为1/4000秒或1/8000秒的速度相比,电子快门的最高速度可达1/16000秒或1/32000秒。

(二)帧速率的加速

人类"视觉暂留"[①](又称"余晖效应")的生理现象,与摄影机、胶片等技术

---

① 光象一旦在人眼视网膜上形成,视觉将会对这个光象的感觉维持一个有限的时间(约为0.1秒至0.4秒)。

的发明一起,为动态影像的诞生提供了必备条件。美国发明家托马斯·爱默生(Thomas Emerson)认为,每秒钟连续46格(数字时代称为"帧")及以上的画面就会被人眼判定为是"运动的"。而这"每秒钟连续46格及以上的画面"则在快门速度之外为动态影像引入了另一种速度,即"帧速率"①。因帧速率存在于录制与播放双过程,故又分为"拍摄帧速率"与"播放帧速率"。

1891年,爱迪生发明"活动电影视镜",其播放帧速率为46 fps。1895年,法国卢米埃尔兄弟研制的"活动电影机"以16 fps的帧速率拍摄影片,通过三片式叶子板实现使播放帧速率达到48 fps以上以解决频闪问题。默片时期,电影的拍摄帧速率从16 fps到24 fps都存在;有声电影诞生后,为保证音轨的保真度,影片拍摄帧率标准化为较高的24 fps。电视的发明则使得影像的帧速率进一步提高。一开始,为避免电流和电视信号在不同频率下产生干扰杂讯,NTSC②系统将采用的是30 fps的拍摄帧速率和60 fps的播放帧速率。PAL③系统则因其交流电频率为50 Hz,而采用25 fps的拍摄帧速率和50 fps的播放帧速率。彩色电视发明后,为了兼容黑白电视,以及避免色彩信号与音频信号的相互干扰,NTSC系统下的拍摄帧速率和播放帧速率调整为29.97 fps和59.94 fps。

新媒体时代,数字技术的诞生与发展,使得动态影像艺术的影像生成、后期编辑、传播与观看各环节开始数字化,影像艺术的拍摄帧速率与播放帧速率的上限也得到极大提高。(1)拍摄帧速率的加速。20世纪70年代末,电影界开始使用数码摄影机拍摄电影。在拍摄帧速率上,一般的数码摄像机帧速率多提供24 fps、25 fps、30 fps、50 fps、60 fps等可供选择,最高可达100 fps。而高速摄像机的帧速率一般为1 000 fps—10 000 fps,有些军方专用高速摄像机甚至可达到100万 fps—1 000万 fps。随着影像拍摄、传输和播放过程的数字化极大解决了此前因经济和技术而无法大范围使用高帧率的困境,越来越多的影像艺术采用高帧率进行拍摄,如彼得·杰克逊(Peter Jackson)采用40 fps拍摄电影《霍比特人》(*The Hobbit*, 2011—2014),李安采用120 fps拍摄《比利·林恩的中场战事》(2016)。(2)播放帧速率的加速。一方面,影像后期编辑的数字化使得影像创作者对播放帧速率的改变更加方便、准确、自由、迅捷。数字时代前,电影的剪辑

---

① 帧速率指的是图像刷新速度,即每秒拍摄或播放多少幅静态图像,单位是fps。
② NTSC,即美国国家电视标准委员会(National Television System Committee)。
③ PAL,即由德国电视机厂商所制定的帕尔制(Phase Alteration Line)。

不再需要在胶片上进行,影像的后期编辑实现数字化。由此,与胶片时代的抽帧①容易、补帧②困难的现象相比,补帧在数字时代也变得十分轻易。另一方面,影像播放的数字化也使得受众的影像观看更加个性化、自主化。随着数码播放设备以及网络的普及,观众通过数码设备或在线或离线观看影像艺术越来越普遍。而在诸多在线影像播放网站或影像播放软件中,"倍速播放"成为一个常见的功能,观众可通过这一功能选择加快或减慢视频播放帧速率,其原理实际上就是抽帧或补帧。当然,观众大多极少使用慢速播放而多使用快速播放,即观众更习惯加快影像艺术的播放帧速率。

(三)叙事速度的加速

热奈特将小说的叙事速度理解为"由故事时距和叙事长度的关系测定:每小时等于多少页"③。借鉴热奈特的认识,可将影像艺术的叙事速度理解为由故事时距和播放时间长度测定,即单位播放时间内所叙述的故事的时间跨度为多长。

在摄影艺术中,由于摄影术进步过程中曝光时间逐渐缩短,所以早期存在一个故事时距不断缩短的过程。假设观看静止图像的时间不变,那么这就是一个叙事速度不断放慢的过程。然而,这并非影像艺术叙事速度变化的主要发展趋势,通过对动态影像艺术的分析便可认识到这一点。一方面,快动作摄影④、延时摄影⑤与倍速播放都可在故事时距不变的情况下,通过缩短播放时间来加快叙事速度。此外,正如上文所提到的,与胶片时代影像播放时间之于观众来讲固定不变相比,录像带、光盘在电视上播放时的"快进"功能、数字时代网络视频播放器的"倍速播放""点击跳跃""只看……"选项、交互式录像艺术与电子游戏等都使得观众在影像艺术的播放时间上拥有了自主权,得以自由地缩短其所观看

---

① 抽帧:通过胶片裁剪或软件编辑删除单位时间内的画格,从而可将影像的播放帧速率变成较低的标准帧率。
② 补帧:通过软件编辑添加单位时间内的画格,将影像的播放帧速率提高。
③ [法]热拉尔·热奈特:《叙事话语 新叙事话语》,王文融译,中国社会科学出版社1990年版,第211页。
④ 快动作摄影,即"慢速摄影",是指较低拍摄帧速率进行摄影,而在播放时采取常规播放帧速率,从而获得比拍摄对象实际运动速度快的影像效果。早期的默片即常采用这一方法,后也常见于喜剧片和惊险片中。
⑤ 延时摄影,亦称"缩时摄影",则是一种采用自动控制的延时装置,对被摄体的运动过程,分割地进行定时摄影的方法。延时摄影使得所拍摄的长时距影像被压缩到一个较短的播放时间,呈现出肉眼无法察觉的奇异景象,常用于凸显事物变化与时间的流逝。法国的乔治·梅里爱(Georges Méliès)所拍摄的影片《家乐福歌剧院》(Carrefour De L'Opera, 1897)、戈弗雷·里吉欧(Godfrey Reggio)所执导的《失衡生活》(Koyaanisqatsi, 1983)以及美国纪录片《时间的风景》(Time Scapes, 2012)都运用了延时摄影技术。

的影像艺术的播放时间,从而加快影像艺术的叙事速度。另一方面,也是最主要的原因,数字技术直接生成影像则可使故事时距的上限急剧扩大。数字时代之前,影像艺术中的图像是对现实存在物的再现,因而不管故事时距多长,都不可能表现已消逝之物或肉眼无法直观之物。但数字时代,图像可由数字技术直接生成,影像作者便可充分发挥其想象力,对史前及未来的物体进行创造。数字时代影像艺术中的故事时距长度由此无限延长,在有限的播放时间下,影像艺术的叙事速度也就加快了。

二、现代性视域下的竞速美学与慢速美学

一个世纪以来的时间轴上,现代性发展与科学技术进步的相互推动,使得社会呈现出必然的加速趋势。"艺术是这场百年'加速'运动的见证者与参与者,在自律与他律的双重作用下,艺术对速度与时间开创了从支持、声援、反思、对抗到接纳、顺应与创新的一系列活动。"① 作为一种时间艺术的影像艺术,其从对加速的追求到反思加速、倡导慢速,在体现了现代性自反性的同时,也实现了对速度的充分探索与思考。

(一)竞速美学的兴起与反思

从摄影法的改进到从光学信号到电学信号再到数字信号的发展,影像艺术中快门速度、帧速率、叙事速度三方面的加速实际上都以技术加速为其基础。作为现代性重组日常生活进程中的关键因素,技术的加速瓦解了前工业时代中心与边缘、远与近之间的差异,使得短暂与即时性得以战胜并消除空间的僵硬。实际上,整个 20 世纪的文化评论家都把高度的现代性与快速变化和强烈冲击联系在一起。彼特·康纳德(Peter Conard)和罗萨都曾明确指出,现代性就是时间的加速②。

这一竞速学的逻辑不仅存在于交通与工业之中,亦体现在艺术领域。意大

---

① 王少文、钟舒:《时间、速度与媒介:加速时代下艺术的三重面向》,《电影评介》2022 年第 13 期,第 21 页。
② 彼特·康纳德(Peter Conard)在《现代性时间,现代性地方》(Modern Times, Modern Places, 1999)中提纲挈领地指出:"现代性是时间的加速,也是空间的瓦解。"参见 Peter Conard, Modern Times, Modern Places, New York: Alfred A. Knopf, 1999, p.9. 社会加速批判理论学派的代表哈特穆特·罗萨于 2005 年再次重申:"现代性就是关于时间的加速。"参见[德]哈特穆特·罗萨:《加速:现代社会中时间结构的改变》,董璐译,北京大学出版社 2015 年版,第 350 页。

利未来主义文化运动或可视为最早的突出代表。1909年,未来主义的代表人物马里内蒂(Filippo Tomaso Marinetti)发表《未来主义宣言》("Gründungsmanifest des Futurismus",1909)一文,对"速度之美"加以大力赞叹,并主张文学应对此进行描写。此后,诸多未来主义画家也狂热追求在静止的画布中呈现出速度带来的动态感。这一通过艺术来对加速经验进行表达的追求,亦推动了未来主义者对艺术创新以及推动艺术史加速发展的热忱。如马里内蒂认为,现代工业文化的迅速发展需要一种新型的、电报式的直接语言,因此必须对传统文学语言进行改革,取消形容词、副词、类比、标点符号等,以尽可能地表达生活的连续性、灵活性、动态感,而拒绝停顿与中介。画家贾科莫·巴拉(Giacomo Balla)则认为文艺复兴的透视系统已经不再能够捕捉现代速度,从而尝试通过将一系列前后连接的单独时刻叠印在同一幅画布上,以展现运动的过程与速度。如其画作《拴着皮带的狗的动势》(*Dynamism of a Dog on a Leash*, 1912)(见图3)以及马塞尔·杜尚(Marcel Duchamp)的《下楼梯的裸女》(*Nude Descending a Staircase*, 1912)(见图4)等。

图3 贾科莫·巴拉《拴着皮带的狗的动势》

图4 马塞尔·杜尚《下楼梯的裸女》

竞速美学亦存在于对影像艺术的认识与追求中。一方面,摄影师们努力在静态相机下捕捉动态感。如未来主义摄影的先驱安东·朱利奥·布拉加利亚

(Giulio Bragaglia)发明动态摄影(photodynamism),即慢门摄影①。前文提到,快门速度越快,曝光时间越短,图片越清晰。在使用慢门摄影拍摄运动的物体时,因曝光时间较长,物体运动的轨迹就会在底片上留下光轨影像,照片也因而体现出一种运动感。如其摄影作品《老板的手势》(*Un Gesto Del Capo*, 1911)(见图5)、《打字员》(*Dattilografa*, 1915)(见图6)等。另一方面,在试图突破静止影像的局限以表达速度经验的同时,技术的革新与发展也使得艺术作品内部速度的加速成为影像艺术速度变化的主要倾向。摄影中对快门速度加速的追求是为了对关键时刻进行捕捉。如20世纪街头摄影大师亨利·卡蒂埃-布雷松(Henri Cartier-Bresson)在其英文版作品集《决定性时刻》(*The Decisive Moment*, 1952)前言中总结道:"对我来说,摄影就是在一瞬间对事件的意义的同时识别,以及对给予事件适当表达的形式的精确组织。"②其对摄影的认识突出了摄影之于人眼而言的速度优势,对"同时"的强调则是其追求快速的体现。显然,对于此时的布雷松来说,快门速度的加速尤为重要。动态影像中帧速率加速的追求则往往为影像艺术的"真实感"所驱动。道格拉斯·特鲁布姆(Douglas Trumbull)曾对播放帧速率进行实验,结果表明:在观看传统24 fps的电影时,人的潜意识仍

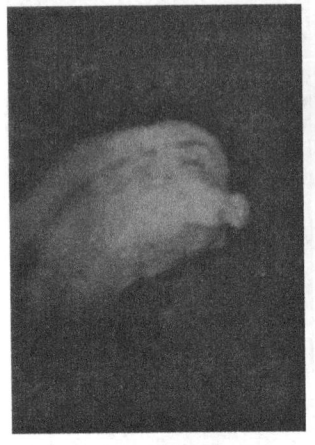

图5 布拉加利亚摄影作品《老板的手势》

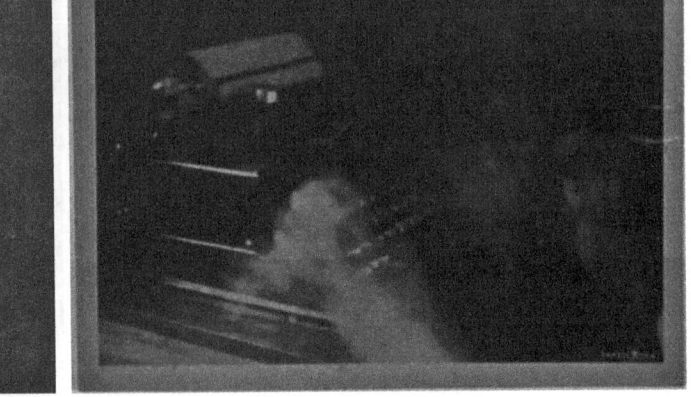

图6 布拉加利亚摄影作品《打字员》

---

① 慢门摄影,又称"慢速快门摄影",指使用1/30 s以下的快门速度拍摄照片。
② Henri Cartier-Bresson, The Decisive Moment, New York: Simon & Schuster, 1952. from the unpaginated introduction. 转引自 Marjorie Backman, "Review: Henri Cartier-Bresson: The Decisive Moment Elliott Erwitt: Pittsburgh 1950", The Journal of Media Arts and Cultural Criticism, 2018, Vol.45, No.4, p.32.

然会认为影像存在着闪烁,从而使得影片的保真度降低,观众所受到的情感冲击也随之被削弱。正是由此出发,彼得·杰克逊采用 48 fps 的帧速率拍摄《霍比特人》系列电影。其谈道:"90 多年来,我们一直采用 24 fps 来拍摄和放映电影,不是因为它最好,而是因为它最便宜。采用 48 fps 拍摄和放映的好处是,看起来画面上的速度还是正常的,但画面的流畅度和动作清晰度都极大增强了……它会让电影看起来更逼真,观看起来也更轻松,尤其是在 3D 电影方面。"①

然而,在多数摄影师们顺应着技术的加速与社会的加速,在影像艺术中追求速度的加快的同时,越来越多的哲学家、思想家、社会学家开始对作为其基础的技术加速与社会加速带来的危机进行反思,认为加速导致了对感知经验的重构、对记忆和身份的抹除,以及对人类本质的逃避。如维利里奥在梅洛·庞蒂(Maurice Merleau-Ponty)的影响下,从知觉现象学的方法出发,反思技术加速取消了现象事件的感知延迟性,使得感知主体无法与感知对象建立深层、稳固的联系,绵延的知觉经验为消失的感知经验所取代,从而实现了对人类感知经验的重构。再如米兰·昆德拉(Milan Kundera)在《小说的艺术》(L'art du roman,1986)中认为"快"生活会造成个人生活、社会生活甚至民族历史"简化"与"遗忘"。哈特穆特·罗萨则先是指出加速会导致身份定位的萎缩与动态化,从而产生一种"情境化的身份确定"②,其后又进一步认为新的社会加速导致了人的全面异化③。

影像艺术的加速性质也成为思想家们反思的对象。电影的诞生利用了人体"视觉暂留"的生理现象,从而使得静止的图像开始活动起来,每一帧画格于此过程中快速变化。在"竞速学"理论的观照之下,维利里奥认为,电影作为一种"视觉假肢",在将观众拉入其中,使其看到那些因运动速度过快或过慢而导致肉眼无法察觉的运动,造成观赏者的知觉经验重构与知觉扩延的同时,也使观赏者的行为变成一种自动化的过程,而无反思的余地。韩炳哲则以"影片拍摄式"的时代来形容当下匆忙的时代,将"影片拍摄式"解读为"让现实瓦解成相互间

---

① Peter Jackson, "48 Frames Per Second," 2011-04-12.
② 参见[德]哈特穆特·罗萨:《加速:现代社会中时间结构的改变》,董璐译,北京大学出版社 2015 年版。
③ 参见[德]哈特穆特·罗萨:《新异化的诞生:社会加速批判理论大纲》,郑作彧译,上海人民出版社 2018 年版。

快速接替发生的诸多画面"①。在此之中,事件、信息和画面的密集化呈现出一种加速序列。"飞快的序列切换不容许有什么凝思状逗留。那些转瞬即逝、目不暇接的画面,无法持久地约束注意力。"②时间在加速的影像艺术中崩塌成单纯的现时交替,立足于时间持续的真理与知识被淡化,时间因而失去其芬芳。

(二) 慢速美学与慢速影像艺术实践

正如对加速的追求最初伴随现代性的发展而出现,对加速的反思与对慢速的倡导则是现代性自反性的体现。波德莱尔(Charles Pierre Baudelaire)的经典名句"现代性就是过渡、短暂、偶然,就是艺术的一半,另一半是永恒和不变"③即为现代性自反性的最好注脚。

作为对现代性加速时间体系的反抗,"慢速"的价值最初得以被发掘,源于19世纪80年代末发生于意大利的"慢食运动"(Slowfood Movement)。此运动的本意在于以"慢"制"快",与快餐文化和消费文化相对抗,但其掀起的"慢速/减速"思潮却迅速传播至社会各领域,对"慢速/减速"的呼声越来越大。日常生活领域的"慢速",作为一种另类的价值观逐渐成为都市人应对生存压力的新方式。"慢速美学"也因此应运而生。昆德拉在其小说《慢》(*La lenteur*, 1995)中即推崇一种"慢"的价值,反思现代工业社会给人造成的"过去"与"未来"的断裂感。德国美学思想家卢茨·科普尼克(Lutz Koepnick)在其著作《慢下来:走向当代美学》(*On Slowness: Toward an Aesthetic of the Contemporary*, 2014)倡导一种"慢速美学",认为"只有通过审慎的阅读——慢速的阅读、慢速的观看和慢速的倾听,对任何细节一丝不苟聚精会神,我们才可以避免草率的论断——我们才能发现这些作品其实基于更广阔的背景,即在一个真正的当代模式下,丰富了我们对走向一个不断加速的当下的思考"④。

回顾影像艺术的发展史,不难发现诸多有意识"慢下来"的慢速影像艺术。其中以慢动作摄影最为突出。比尔·维奥拉(Bill viola)在其融合了新媒体技术的录像艺术中也极其频繁使用慢动作摄影,其《沉默五重奏》(*The Quintet of the Silent*, 2001)即是将原本1分钟的视频拉长到15分钟进行播放。继维奥拉之

---

① [德]韩炳哲:《时间的味道》,宝向飞、徐基太译,重庆大学出版社2017年版,第291页。
② 同上,第86页。
③ [法]夏尔·波德莱尔:《波德莱尔美学论文选》,郭宏安译,人民文学出版社1987年版,第485页。
④ [德]卢茨·科普尼克:《慢下来:走向当代美学》,石甜、王大桥译,东方出版社2020年版,第11页。

后,道格拉斯·戈登(Douglas Gordon)也以其大胆使用极端慢动作摄影出名,其录像艺术作品《24小时惊魂记》(24 Hours Psycho,1993)以原作希区柯克(Alfred Hitchcock)的《惊魂记》(Psycho,1960)播放速度的1/13进行播放。需注意的是,慢动作摄影即快速摄影的拍摄帧速率可高达1 000 fps—10 000 fps(高速摄影机),甚至可达到100万 fps—1 000万 fps(军方专用的高速摄影机)。因此,慢动作摄影具有一种有趣的双重特性,其所呈现出来的"慢"实质上是由加速技术所激活、发展的。

慢动作摄影之外,还存在一种慢速观看的静态影像,即"快门打开摄影",或者也可视为一种极致的慢门摄影。慢门摄影所得到的图像中,运动物或夸张变形、或虚化位移、或重叠拉长,而静止物保持清晰,在模糊中营造出一种虚中有实、实里带虚、虚实相映的效果。而在"快门打开摄影"中,快门速度因被极致降低,曝光时间极度拉长,最高者可达数年,最终得到的图像会呈现为一种静止物清晰而运动物极其微弱甚至看不见的效果。这在德国摄影家米夏埃尔·韦泽利(Michael Wesely)于20世纪90年代所拍摄的德国、奥地利和东欧火车站的系列作品中得到了极好的体现,如《布拉格15.10—林茨20.22》(*Praha 15.10—Linz 20.22*)、《布拉格16.52-纽伦堡22.18》(*Praha 16.52—Nürnberg 22.18*)(见图7、图8)。在这些作品中,韦泽利将摄像机固定在各个火车站站台,镜头对准离开的火车,摄像机快门保持打开五至十小时。在这些图像中,我们可以看到静止的因而也是清晰的站台标志、地面、广告牌、车站的墙面与顶部,旅客等待的痕迹在图像的前景中微弱可见,而运动着的火车却几乎看不见了。与一般慢门摄影对运动的突显不同的是,由于极长时间的曝光,"快门打开摄影"使得图像中完全

图7—8 德国摄影家米夏埃尔·韦泽利的摄影作品
《布拉格15.10—林茨20.22》《布拉格16.52—纽伦堡22.18》

静止之物清晰可见、暂时静止之物微弱但仍可见,却抹除了快速运动之物的存在。因而,科普尼克指出:"通过对同一张图像中不同动作和持续时间的分层,开放式快门摄影成为一种减法艺术。从某种意义上说,它可以被看作是从缓慢和慢速中减去快速和激情。"①从而达到了一种慢速观看的效果。

三、速度变化之于影像真实与时间认知

正如上文所论述的,影像艺术的速度变化问题在数字时代或曰新媒体时代得以凸显,速度的上下限不断被拓宽,变速成为影像艺术家们的重要表现手法,对加速与慢速进行思考的速度美学也不断发展。如何看待新媒体时代的影像艺术及其速度问题?或许我们应该如托马斯·埃尔塞瑟(Thomas Elsaesser)在对数字电影的思考中所指出的,将数字技术更多视为一种契机,"以便于我们重新思考历史观念的自身变革以及我们所说的包容与排斥、视野与边界以及诞生、转型、适应等断裂的对立面"②。以历史的视角来看影像艺术的速度变化以及美学主张演变,可对影像艺术的真实观与时间观的变迁进行再审视。

(一)从客观再现到感知再现:影像艺术的"真实"

摄影术的发明源于对客观再现现实存在物的极致追求。摄影术诞生前,文艺复兴时期的艺术求真精神促使绘画艺术家们追求采用透视画法来展现眼睛所看到的世界、保留记忆。但绘画仍包含诸多主观因素。为了尽可能地排除人为因素干扰,摄影术被发明。而摄影术中对快门速度不断加速的追求同样也是为了让所获得的图像更加清晰、精确,以在视觉效果向现实的客观存在物逼近。1945年,安德烈·巴赞(André Bazin)发表《摄影影像的本体论》一文,即指出:"摄影与绘画不同,它的独特性在于其本质上的客观性。"③而基于摄影技术所诞生的电影,则较摄影的客观性在时间方面更臻完善,使影像艺术从凝固、静止的瞬间困境中解脱出来,将现实物体的运动记录在了胶片上,在放映中再现了时间的流动与延续。电影对现实物体运动的逼真再现,或许可在卢米埃尔兄弟放

---

① [德]卢茨·科普尼克:《慢下来:走向当代美学》,石甜、王大桥译,东方出版社2020年版,第66页。
② [德]托马斯·埃尔萨瑟:《作为媒介考古学的新电影史》,韩晓强译,《东岳论丛》2020年第6期,第26页。
③ [法]安德烈·巴赞:《电影是什么》,崔君衍译,中国电影出版社1987年版,第11页。

映《火车进站》时观众躲闪不迭的场面中得到最好体现。德国电影理论家克拉考尔(Siegfried Kracauer)在其电影理论名著《电影的本性：物质现实的复原》(*Nature of Film: The Redemption of Physical Reality*, 1960)中也明显地继承了巴赞的观点,电影是照相而非剪辑的产物,而照相对自然的复制则具有一种与自然本身相等同的忠实性。爱因汉姆也将照相记录性视为电影的特性之一。巴赞的这一照相现实主义电影美学成为影像艺术研究的重要范畴与基本出发点之一。

由于将电影的本性视为对事物原貌不加任何主观创造的客观再现,巴赞认为电影应再现世界时空的真实性,因此蒙太奇对纪录现实的干预应被减少,影像的帧速率则应保持在标准的 24fps, 即"真实时间结构"。对克鲁佐(Henri-Georges Clouzot)的影片《毕加索的秘密》(*Le Mystère Picasso*, 1956)进行肯定时,巴赞谈道:"克鲁佐根本没有采用科技教育影片中用加速法拍摄鲜花怒放的那种技巧,没有让画作速现出来,这一点实在值得欢迎。"① 可见,在巴赞的照相现实主义电影美学中,对影像中运动速度的变化是被否定的。事实上,由于技术的限制、节约成本的考虑以及照相现实主义电影美学的影响,胶片时代影像艺术中的速度确实呈现为比较稳定的局面。

然而,数字时代,仿真数码影像的生成以及强大的数字化后期编辑则对这一照相现实主义的影像美学的解释力提出了挑战。影像艺术的"真实"具有了新的内涵。以影像艺术的速度为例,继录像带在电视上播放时观众可以选择"快进""快退"以改变影像叙事速度后,数字技术的介入使影像艺术的速度呈现出更加丰富的变化。对这些速度变化的选择进行分析,则可以发现一种新的影像艺术真实观——对影像艺术的真实的理解不再以忠实的时空再现为标准,而以观众感觉上的真实性作为评价的依据。如果说数字影像生成所创造出来的是一种"真实的非真实",那么数字时代影像艺术速度的变化则意在创造一种"非真实的真实",即对感知真实的再现。

如快动作摄影或延时摄影虽不易于观众对影像运动细节的把握,却极具动态感。快动作摄影中,影像中物体运动速度较正常速度明显加快,给人一种陌生感或曰奇异感。电影喜剧大师卓别林即有意识地在其喜剧影片中运用快动作摄影,以增强其喜剧动作的感染力。在惊险片中,快动作摄影也有助于营造惊险、

---

① [法]安德烈·巴赞:《电影是什么》,崔君衍译,中国电影出版社 1987 年版,第 211 页。

刺激之感。延时摄影则因其使长时距运动被压缩到较短的时间进行播放,得以呈现出肉眼无法察觉的奇异景象,极其适用于突显的事物变化与时间流逝的无常之感。再如在慢动作摄影中,由于对影像中的物体运动进行人为延缓,物体的动作过程得以更加清楚,场面的真实感得以增强;与客观运动相比的速度变化又使得影像中的动作"妙在似与不似之间",往往给人以神秘莫测的感觉,造成艺术上的悬念或余韵;而与其他镜头或画面的组接中则又易加强某些段落的节奏和韵律感。这些影像艺术中的速度变化虽背离了物体运动的客观速度,却增强观众对影像的体验感与沉浸感,体现为一种感知真实的延伸。维奥拉在谈论自己的慢速录像艺术时,便指出:"一旦开始利用这些媒体(即维奥拉在上文中所指的新电子或数码媒体)赋予的能力来放慢时间,你便自动地跨越了一道门槛,从实质世界出发,进入了一个形而上的世界。……当我在剪辑室修改时间时,它自动将图像定位在主观感觉的领域中,这是一个心灵图像,而非视觉图像。"①此外,数字时代,观众开始拥有改变影像艺术速度的主动权,而是否选择变速、如何变速则往往取决于观众对影像的主观认知与感受。

影像艺术中帧速率的变化也往往"真实感"所驱动。正如现代主义艺术家沉醉于加速运动的兴奋以期望将观众从惯常的感知模式中震醒一样,李安在谈到其将帧速率提高到 120 fps 来拍摄和放映《比利·林恩的中场战事》时也指出,在 120 fps 条件下,影像"好像是慢动作那样的清晰度,但它却不是用慢动作播放出来。也就是说,一般的播放速度,可是有慢动作的清晰感"②。而这种近乎超真实的清晰感正是为了让观众超越"看"的限制,具身沉浸到林恩的主观世界,真正体验战争的残酷和创伤。李安认为,在帧速率的提高中,"最大的变化是(观影)态度:它更像体验(experiencing)而非叙事(storytelling)"③。

(二) 从单线性走向多重性:时间认知的空间化

在《加速:现代社会中时间结构的改变》(*Beschleunigung: die Veränderung der Zeitstrukturen in der Moderne*, 2005) 一书中,罗萨指出:"有目的的减速这种形式也包括类似的'美学—艺术的'降低速度的展现,这不仅使得另一种时间

---

① [美] 约翰·汉哈特:《白日前进:访问比尔·维奥拉》,红专厂当代艺术馆 RMCA 编著:《比尔·维奥拉:1977—2014 精选作品集》,河北教育出版社 2017 年版,第 62 页。
② 李安:《电影一直告诉我,它要变了》,2016 年 9 月 22 日。
③ Emily Buder, "Ang Lee on Billy Lynn's Halftime Walk: Shooting 120 FPS was Like 'Making Love to Movies'", 2016 - 10 - 10。

体验的表现成为可能,而且在那里也能够产生对晚期现代的时间结构的感知的改变。"[1]诚如罗萨所言,在对影像艺术的认识与研究中,加速追求与慢速美学所关联的,在更深层次上其实是对时间的认知问题。

影像艺术从其诞生,即摄影术的诞生开始,最先追求的加速便是快门速度的加快,以实现对瞬间的及时捕捉。从达盖尔最初15—30分钟的曝光时间到后来到亨利·塔尔博特进行高速摄影时1/2000 s的曝光时间再到此后更短的时间,摄影越发能够抓住转瞬即逝的物体变化。亨利·卡蒂埃-布雷松即在其作品集《决定性时刻》中将摄影视为是对关键时刻(kairos)的捕获,本雅明、巴特、桑塔格等人也主要将摄影视为一种快速观看的艺术。然而,摄影所截取的只是极其短暂或者"浓缩"的一瞬,其对流动的时间进行了凝固,将时间表现为一个个静止的、断裂的时刻。摄影的这一缺陷,使得亨利·卡蒂埃-布雷松在其生命的最后日子里放弃了摄影、回归绘画。摄影的这一"缺陷"还推动了电影的诞生,为静止的摄影术增加了帧速率这一维度的速度。正如伊安·杰夫里(Ian Jeffrey)所言,卢米埃尔兄弟对电影的发明,使得"摄影的瞬间性所造成的贫乏便被减轻了。"[2]巴赞也认为电影实现了对时空的真实再现。显然,时间的连续性在这里得到了强调。但正如巴赞对蒙太奇手法的纠结态度所体现的,电影对时间的表现只能追随单个物体的时间,无法展现同一时段内不同空间的物体运动及其互动。而对变速的拒绝以及认为电影的帧速率应为标准的24 fps,则将时间表现为一种均质的流动。因而,电影所表现的时间,实际上是单线性的、均质流动的时间。帧速率以及对叙事速度的加快,也并未对其单线性的时间表现造成冲击。

与加速追求所体现的单线性时间观相反,慢速美学下,慢速影像艺术所体现的则是一种多重性的时间观。前文所分析过的德国摄影家米夏埃尔·韦泽利的"快门打开摄影",则将快门开放时的时间都表现在了图像中,不同阶段的时间同在,不同速度之物亦同在,静止者表现为清晰的图像,运动者表现为不同模糊程度的光轨影像,由此表现了一种多速度、多时刻、与多线性共存的时间。慢动作摄影则给予了观看者进行联想与回顾的时间与发散的空间。正如本雅明比较

---

[1] [德]哈特穆特·罗萨:《加速:现代社会中时间结构的改变》,董路译,北京大学出版社2015年版,第104页。
[2] [英]伊安·杰夫里:《摄影简史》,晓征、筱果译,生活·读书·新知三联书店2002年版,第20页。

电影观看与绘画观赏时,曾谈道:"后者使观赏者凝神观照。面对画布,观赏者就沉浸于他的联想活动中;而面对电影银幕,观赏者却不会沉浸于他的联想。观赏者很难对电影画面进行思索,当他意欲进行这种思索时,银幕画面就已变掉了。电影银幕的画面无法被固定住。……实际上,观照这些画面的人所要进行的联想活动立即被这些画面的变动打乱了。"①因此,慢动作摄影通过使得电影银幕画面变化速度减缓,为观看者争取了一定的、用以进行联想与回顾的时间。在对快门打开摄影和慢动作摄影的观看中,时间旁逸,过去与现在相交织,实现了对线性时间的破除,走向一种多重线性的时间表现。

正如慢动作摄影所依靠的是高的拍摄帧速率,慢速美学所倡导的并非对加速的拒绝,其多重线性的时间观也并非否认时间的流动性,而是一种具有包容性的空间化的时间认识。科普尼克则倡导一种"慢速美学"。其指出,"慢速美学远非怀着一种反技术进步的情绪,其重估技术媒介的使用——及其伴随的效果——从而促使我们感受当下时刻的多重节奏、趣事和时间流,在每一时刻构建我们流动异质的当下"②。体现了"慢速美学"的艺术作品则"以疑虑、延时和减速的策略探索一种延展的时间结构,试图让我们停留并体验一个转瞬即逝的当下时刻的异质性和差异性"③,从而对"当下"的空间进行了扩容,丰富我们对于当下与时间的思考。

在《历史哲学论纲》中,本雅明以空间化的星座隐喻来处理时间,并从"当下"(Jetzt)展开论述;在文章《何谓同时代?》("What is the Contemporary?")中,吉奥乔·阿甘本(Giorgio Agamben)则断言"同时代性"(contemporary,又译"当代性")就是一种"与自己时代的奇异联系,同时代性既附着于时代,同时又与时代保持距离。更确切地说,同时代是通过脱节或时代错误而附着于时代的那种联系。"④通过对本雅明和阿甘本的征用,科普尼克将当下视为渗透主体记忆与情感的空间。"慢"作为一种美学策略,并非希望回到加速之前,而是强调要认识到当下是一个对立和冲突的空间,强化我们对当代加速社会的感知与理解,从而对当下的多重时间性进行深度体验,更好地栖居于当下。

---

① [德]瓦尔特·本雅明:《摄影小史+机械复制时代的艺术作品》,王才勇译,江苏人民出版社2006年版,第142页。
② [德]卢茨·科普尼克:《慢下来:走向当代美学》,石甜、王大桥译,东方出版社2020年版,第13页。
③ 同上,第3页。
④ [意]吉奥乔·阿甘本:《何为同时代?》,王立秋译,《上海文化》2010年第4期,第5页。

四、结语

数字技术的发展使得艺术步入新媒体时代。在数字技术的加持与影响下,以对时间的表现与探索最为生动、丰富、彻底,与先锋的影像艺术为代表,艺术作品中的速度问题呈现出别样的新面貌。影像艺术的速度问题,既关乎影像的艺术问题又关乎时间的哲学问题。正如马歇尔·麦克卢汉(Marshall Macluhan)所言:"艺术最重要的功能是扮演一个遥远的预警系统角色,社会可以依靠它来告诉旧文化正在或即将发生什么。"①因此,将"速度"引入新媒体艺术研究,既是在新的时代背景下对已有艺术与速度研究的补充与丰富,又是以"速度"问题管中窥豹来思考影像本质与时间认知问题的新发展,当然最终的目的是充分发挥艺术的"预警系统"作用,引导人们更好地与其所处的当下时代共处。

参考文献:

[1] [美]刘宇昆. 奇点遗民[M]. 耿辉译. 北京:中信出版集团,2017.

[2] [美]Ray Kurzweil:奇点临近[M]. 李庆诚,董振华,田源译. 济南:山东人民出版社,2011.

[3] [德]霍克海默,阿多诺. 启蒙辩证法——哲学断片[M]. 渠敬东,曹卫东译. 上海:上海人民出版社,2006.

[4] [加]麦克卢汉. 理解媒介:论人的延伸[M]. 何道宽译. 译林出版社,2011.

[5] [法]利奥塔. 非人:漫谈时间[M]. 夏小燕译. 重庆:西南师范大学出版社,2019.

[6] 王秀芬. 艺术的"非人"与理性主义的"非人"——对利奥塔〈论人〉中两个"非人"概念的解读[J]. 渤海大学学报(哲学社会科学版),2018(5).

[7] 王峰. 从人类主义美学转向人工智能美学——基于康德美学架构的批判性考察[J]. 学术研究,2022(7).

[8] 王峰. 人工智能需要"灵魂"吗——由大语言模型引发的可能性及质疑[J]. 上海师范大学学报(哲学社会科学版). 2023(2).

[9] 汪民安. 身体、空间与后现代性[M]. 南京:江苏人民出版社,2006.

[10] [德]尼采. 查拉图斯特拉如是说[M]. 钱春绮译. 北京:生活·读书·新知三联书店,

---

① [加]马歇尔·麦克卢汉:《理解媒介:论人的延伸》,何道宽译,商务印书馆2000年版,第46页。

2014.

[11] [法]柏格森.时间与自由意志[M].吴士栋译.北京:商务印书馆,2011.

[12] [加]弗莱.批评的解剖[M].陈慧等译.百花文艺出版社,2006.

[13] 叶舒宪.原型批评的理论与方法[M].陕西师范大学出版总社,2018.

[14] 赵毅衡.符号学:原理与推演[M].南京:南京大学出版社,2016.

[15] 徐新建.数智时代的文学幻想——从文学人类学出发的观察思考[J].文学人类学研究,2019(1).

[16] 汪民安.情动、物质与当代性[M].济南:山东人民出版社,2022.

[17] [法]萨特.存在主义是一种人道主义[M].周煦良,汤永宽译.上海:上海译文出版社,1988.

[18] [美]唐娜·哈拉维.类人猿、赛博格和女人——自然的重塑[M].陈静译.郑州:河南人民出版社,2016.

[19] [美]卡洛琳·麦茜特.自然之死[M].吴国盛,吴小英,曹南燕,叶闯译.长春:吉林人民出版社,1999.

[20] [美]凯瑟琳·海勒.我们何以成为后人类:文学、信息科学和控制论中的虚拟身体[M].刘宇清译.北京:北京大学出版社,2017.

点评

  论文在学术规范写作方面表现优异。作者以影像艺术中的速度问题为切入点,深入探讨了新媒体艺术的速度美学及时间认知,思路清晰,论证严谨。文章结构安排合理,从提出问题到分析问题再到解决问题,层层递进,逻辑性强。在学术引用和资料使用方面,作者严格遵循了学术规范,详细列出了参考文献,体现了良好的学术诚信。此外,作者运用丰富的案例和理论支撑观点,如引入维利里奥的竞速美学等,增强了文章的说服力和深度。总之,这是一篇学术价值较高的论文,对于新媒体艺术研究具有重要的推动作用。

比较视野下精英文学文化领导权的旁落与重建

李振铎①

摘要：精英文学文化领导权的重构应以网络文学为参照做出适应性改变。当代精英文学与网络文学雅俗论争现象的背后是文学领域内不同类型文学对文化领导权的争夺。当代社会文化环境致使了精英文学的边缘化，同时也造就了网络文学超然的社会地位，使得精英文学文化领导权逐渐旁落。精英文学文化领导权的重建需要对网络文学做出客观冷静的审视，分析并吸纳其在当代发展进程中所呈现的优势，从而不断改进自身并逐渐消除阶层间的文化隔膜，使精英文学重回大众视野。

关键词：文化领导权；精英文学；网络文学；阶层

21世纪以来网络文学显示出极为迅猛的发展态势，2022年的网络文学发展报告指出，截至2022年，网络文学的市场规模已经增至389.3亿元、作家数量已超2278万、用户规模达到4.92亿、海外访问用户规模达到9.01亿，因而网络文学发展报告课题组做出"网络文学已是推进文化自信自强的重要力量"的论断②。毫不讳言地说，与网络文学蔚为大观的发展形势相较而言，精英文学无论在声势上抑或是受众上皆已落入下风。"80年代以来，对'文学性''纯文学''审美性'的强调，都在有意无意地夸大文学与个人的直接关联，而并没有将讨论的重心放在如何从文学的个人性到达文学的社会性"③。而在进入90年代

---

① 李振铎，男，喀什大学人文学院2021级硕士研究生，研究方向为中国现当代文学。
② 肖惊鸿：《2020年度中国网络文学发展报告》，2021年3月18日，作家网。
③ 贺桂梅、李浴洋：《中国视野·当代经验·文学方法——贺桂梅教授访谈》，《学术月刊》2022年第12期，第202—211页。

后,大众文化、流行文化的传播使社会文化以及社会文化心理悄然发生改变,网络媒介的出现赋予了大众自由表述的途径,大众开始立足时代与社会进行自我书写。

精英文学的创作虽然逐渐认识到文学书写社会性的重要程度,但已然与时代相脱节,网络文学则趁势发展并与精英文学争夺文化领导权。文化领导权这一概念是葛兰西首先提出的,葛兰西认为文化领导权是统治集团通过知识分子代言在社会层面上行使的"霸权",其要通过人民大众所给予的"自发的"首肯。简单地说"文化领导权就是'文明的领导权',它是政治民主的根本原则,是民众同意的领导权。它不是意识形态的强制推行,也不是对某种政治文化的被迫忠于"①。在这种"民众同意"的程式中,民众通常处于被领导地位并且缺乏表达自己意愿的途径,网络媒介的出现,大众有了适当的表述途径。当下中国文学界正处于这种形势当中。研究以文化领导权理论为核心通过对当下中国网络文学与精英文学间发展形势的对比来分析中国当代文学中文化领导权的分布情况及未来发展趋势并试图就主流文学在当今时代语境下的发展给出参考性建议。

一、雅俗论争及其背后的文化领导权争夺

网络文学与精英文学间的雅俗论争持续已久,事实上文学论争中雅俗对立的出现有其必然性。如果对"文学"一词进行考察就会发现"文学"本身并没有一个完全确定的概念,郁达夫曾在《文学概说》中写道:"天下的事情,比下定义更难的,恐怕不多;天下的事情,比下定义更愚的,恐怕也是很少。尤其是文学两字的定义。"②马仲殊也在《文学概论》中讲道:"文学的妙趣也千变万化,去下一个抽象的定义,只是徒劳无功。"③由此可见,对于文学究竟是什么这一问题,并不能通过下定义的方式来建立起关于文学的普遍认知,文学当中不仅包含着情感因素同样也包含着社会因素、历史因素等等,所以说对于文学的认知应当是一种整合的认知。

不同类型主体对于文学的审美认知以及社会功用的判断会存在较大差异,有关文学的雅俗对立也会因此产生,因而文学中的雅俗论争有其必然性的一面。

---

① 孟繁华:《传媒与文化领导权:当代中国的文化生产与文化认同》,山东教育出版社 2003 年版。
② 郁达夫:《文学概说》,浙江大学出版社 2009 年版。
③ 马仲殊:《文学概论》,现代书局 1930 年版。

郑振铎曾言："所谓俗文学就是不登大雅之堂，不为学士大夫所重视，而流行于民间的大众嗜好，所喜悦的东西。"①，此说对俗文学的定义在说明文学间的雅俗对立不仅产生于个体间的审美认知差异，同时更是不同阶层间的社会性差异造成的。这种差异存在于文学发展的各个阶段之中，故而如果从"雅俗对立"的视角反思王国维所说"一时代有一时代之文学"时会发现其不仅可以解释文学的流行性问题，同时亦可以阐释文学间雅俗对立与社会阶层变动导致的审美趣味变化之间的关系。因此雅俗之辨亦受时代变动之影响，其中亦包含着时代性。那么在讨论文学中的雅俗对立问题之时便不能只从文学审美出发，而要更多地将雅俗对立产生的社会历史因素考虑进去，发掘其发生的深层次原因。

（一）"雅俗对立"的本质

"中国古代文学领域雅文学、俗文学的分野相对清晰，有各自的读者，很大程度对抗性不是很明显"②，这是因为中国古代几千年来的社会结构长期处于君主专制的社会模式之中，这种相对稳定的社会结构包含着以士大夫阶层为核心的统治阶层以及士大夫以外的其他被统治阶层，两者在二元结构之中的关系是统治与被统治、支配与被支配的关系。两者之间能相互交流但却并无对立。雅俗文学的一次大论争发生于晚清时期，晚清时期以梁启超等人为首的戊戌变法者掀起了一场"小说界革命"，这次运动的意义除使文由俗到雅的大众化目的之外，也意味着传统社会的雅俗文学二元结构开始消解。原先属于俗的文学开始向上攀升，于是以"娱情"为旨要的"小说"这一俗文学类型在文学界中有了上升的可能，且这种可能经由五四运动逐渐走向了文坛中心。随后五四时期的小说在继承传统文学"文以载道"的文学观之后，经由精英知识分子对西方文化的融通后形成了一种精英话语，精英阶层的"小说"以"人的文学"及"平民文学"为旗帜意图通过小说这一文体形式来传播现代文化以及现代观念，从而将属于俗的小说从二元结构中剥离出来，此时在小说内部则真正形成了文学上的"雅俗对立"。五四文坛与鸳鸯蝴蝶派的雅俗之争，是新小说与通俗小说被放置在同等地位前提之下展开的。

雅俗对立的原因实质上应是不同阶层间的文化领导权争夺，正如文学研究

---

① 郑振铎：《中国俗文学史》，商务印书馆2010年版，第1页。
② 司新丽：《论中国古代小说到现代小说之不同雅俗格局》，《东岳论丛》2013年第10期，第77—80页。

者所言"文学作为文化领域中的重要内容,其百年来的发展历程、背后的操控力量其实是不同文化阶层对文化领导权的掌控与争夺的历程①"。

(二) 不同阶层间文化领导权的争夺原因

不同阶层间对文化领导权的争夺源于阶层站位不同以及时代任务的差异。"当代中国社会阶层分化还处于阶段性分化和阶段性整合的交错时期,真正意义上的社会整合还远未完成。"②也就是说,当代中国虽然处于阶层流动的高速时期,但仍在阶段性发展中,即文化雅俗方面,"处于不同社会阶层的社会个体成员,由于自身的知识背景、经济能力、信息渠道等因素的不同,在发音方式、语言组织、话语风格等方面均存在一定的差异和阶层区隔"③,这就意味着作为语言艺术形式的文学会由于阶层站位的不同而产生出不同的样态。"在精英阶层看来文学生产与文学消费是存在等级的,而能够接受、欣赏'真正的艺术的人'只能是少数"④,精英阶层的文学书写是以社会文化的领导者身份做出的艺术表达并且身负"载道"的时代任务。无论是启蒙文学、解放区文学抑或是 1949 年后的文学,精英阶层的文学书写始终都包含有大众化目的,通过文学"大众化"的努力使文学成为改造社会的重要力量。

当代精英阶层的文学书写多以精英视角来观察大众生活,通过对普通人日常生活的艺术塑造来反映社会生活,然而在精英化的书写背后却也发现精英文学书写视角内外的不同阶层分隔陌生。这在一定程度上与不同阶层间的日常生活形态、阶层文化等因素造成的阻隔有关,正是由于阶层差异使得精英阶层往往无法深入其他阶层并立足其中为其发言。随着社会观念、社会生产力以及教育的不断发展,中国社会结构中的阶层流动为底层大众带来了更多的话语权。不断壮大的民众阶层在网络媒介的加持之下,其本身能够通过网络媒介来完成本阶层的文学书写,与精英阶层文学书写梳理的大众化目标不同,大众阶层的文学书写本就源自大众,因而在大众中天然具有相当程度的流行性。但与精英阶层的文学书写相比,大众文学也还缺乏对于艺术的把控力、感受力和表现力,其本

---

① 金春平:《"文化领导权"与 20 世纪中国文学的生产格局》,《华中科技大学学报(社会科学版)》2013 年第 2 期,第 1—8 页。

② 张彬:《从"解构"走向"结构":当代中国社会阶层分化的基本趋势》,《长白学刊》2006 年第 4 期,第 81—84 页。

③ 白新杰:《当代中国社会阶层流动、重组及语言分化》,《山东农业大学学报(社会科学版)》,2021 年第 2 期,第 146—151 页。

④ 孟繁华:《传媒与文化领导权:当代中国的文化生产与文化认同》,山东教育出版社 2003 年版。

身的劣势在于是否能够与时代任务相契合。大众化的通俗文学的变化历程可以看到,当流行的文学样式成熟之后,精英阶层的文学话语则相形见绌。

(三)文化领导权与"场域"区隔

葛兰西提出"有机知识分子"这一概念之时,已然默认了社会中存在一种阶层位序且不同阶层间的思想意识形态需要通过"有机知识分子"使用引导和教育的手段才能完成统一。无独有偶,在布尔迪厄看来"社会的权力场域(如经济、政治场域)是一个元场域,而更具体的特定社会场域则是一个个的区隔化的次场域。整个社会的元场域及其更为分化的专业场域,都可以由纵轴(按照占有资本的多寡)和横轴(经济资本和文化资本为其两级)所区隔,其中,纵轴是社会文化的等级化区分,横轴是社会文化的自主化区分。场域之间的关系即是差异关系、区分关系、对立关系和冲突关系"[①],布尔迪厄也意在说明不同阶层间存在着的区隔关系。

通过布尔迪厄的"场域理论"我们可以将中国当代文学界视作这样一个元场域,其中分别陈列着以传统精英知识分子为代表的精英文学场以及以大众文化、流行文化为代表的网络文学场,两个场域间形成了一种文化上的对立关系。网络文学以通俗化、大众化、流行化的消闲特质迅速征服了广大群众,相应的也在文化上面取得了一定的领导权。精英文化其本身保有了绝对的文化领导权和深厚的艺术经验,其产出的文学作品力求思想的厚重与形式的创新,但同时也缺少某些通俗趣味,网络文学的大众阶层却通过文化狂欢不断收割大众的认同感。网络文学创作体量的庞大以及对通俗文学"消闲"传统的继承构成了网络文学的底层优势,加之资本的不断投入使其在能够产生出更多的资本效益,在物质资本与文化资本的相互转化中其影响力不断扩张,从而建构起一套完整的文化传播系统。精英文学的失语与网络文学的喧哗形成了当代中国文学界的两极,这种势态所造就的是不断加剧的文化区隔。

另外,这种文化区隔不仅存在于精英与大众的对立之中,同样也存在于大众群体之内。网络时代对主体性自觉的呼唤也造就了个体的孤独,而人类本身的社会性则不断要求着个体向群体的靠拢,孤独个体在向群体靠拢的过程中会产生出强烈的认同感。于是,一种以亚文化为依托的文化群体便产生了出来,不同文化群体之间虽然隶属于大众文化范畴内,但彼此之间却有着明显的界限,在文

---

① 安东尼奥·葛兰西:《狱中札记》,曹雷雨,等译,河南大学出版社2016年版。

化狂欢的氛围中不同亚文化群体之间极易产生偏执的认同与丧失理智的冲突，造成社会整体在审美、道德、价值观上的全面失范，这无疑也在加剧社会整体的文化区隔。

二、精英文学文化领导权的旁落与网络文学样态

自进入网络时代以来，网络文学经过二十多年的不断发展逐渐被精英文学所接纳，网络文学越来越成为中国当代文学谱系中不可分割的一部分，这也在不断提升网络文学在中国当代文学中的文化地位。

在现实当中，网络文学不断扩大的文化领导权来源于两方面，一方面由于网络文学作家地位的不断提升，众多知名网络文学作家开始进入精英话语圈层之内。从2014年开始浙江省作协率先成立网络文学作家协会，到2017年中国作家协会网络文学中心的成立，迄今为止已有近20个省级组织的网络作协或类似机构、团体相继组成，与此同时越来越多的网络作家开始进入作协并担任职务，在2021年的中国作协第十次代表大会中马伯庸、张戬（萧鼎）、艾晶晶（匪我思存）、袁野（爱潜水的乌贼）、陈彬（跳舞）、蒋胜男等多位知名网络作家入选，艾晶晶、袁野、陈彬等人更是兼任着各省份网络作家协会的主席或者副主席。网络文学知名作家社会地位的提高，无疑从整体上提升了网络文学对文化领导权的占有度。

另一方面则源于大众对网络文学的认可，当今中国社会结构中的中间阶层正在向着葛兰西所说的"市民阶层"形态靠拢并形成了所谓的"新市民阶层"。那么，通俗化的网络文学成为"新市民阶层"广泛认可的文学形式便不足为奇。从媒介角度来说，以网络媒介为载体的网络文学在数字时代以极低的门槛满足了市民阶层对进入文学场域的向往，其所显露出来的大众化文学表征消解了精英文学的神秘面纱，更多市民阶层开始从文学的接受者转化为文学的创造者、拥有者，其在所属阶层内形成了自己的文学话语，并拥有了所属的文学群落。而"新市民阶层"的不断入场，不断消减着文学元场域中精英阶层原有的文化领地。一方面作为传统精英文学受众的原属粉在大量流失，而另一方面这些原属粉又反过来以网络文学创作者身份消解神圣。故而精英文学不仅在本阶层内不断丢失文化领地，也面临着属粉不断流失的问题，同时还面对着文学大众化对精英文化神圣性的冲击。

(一) 文学大众化的中心问题

在精英文学文化领导权的旁落与网络文学的繁荣景象对比当中,始终难以绕过的一个中心问题便是文学的"大众化"问题。可以说文学的"大众化"是有效开展文化领导权"阵地战"的中心,若非如此葛兰西也不会认为文化领导权的实施需要民众的首肯,而文学范围内的民众概念则指向了读者层面。"事实上在20世纪三十年代,现象学和存在主义文论,在重点研究文学作品的同时,已开始关注读者的接受问题,如英伽登认为读者也参与了文学作品的创作,萨特也对读者的再创造给予高度评价。"[1]时至当代,读者的重要作用则更加突出。就网络文学而言,其本身已成为一种完全读者导向的文学,网络文学的类型化特征使其依据读者喜好对文本进行分类,然后根据不同的文本类型推送给相应的读者群体,从而满足读者的阅读嗜好。以读者为中心的网络文学实际上塑造出了网络时代的流行文学并呈现出了文学的大众化趋势,无论在文学的创作、阅读或是评论环节,读者在网络文学中都占据着绝对的中心位置,因而对于网络文学来说求得文学审美上的普遍化与通俗化是网络文学的基本诉求,也正因如此网络文学在当代成为通过"大众化"手段而实施文化领导权的主要阵地。

但网络时代文学的"大众化"趋势绝不仅只针对网络文学这一特殊文类产生效用,可以看到的是即使是在当代中国的精英文学范畴之内,一种强调感性的通俗化审美趣味也在逐渐浸入其中。大众化的审美风格逐渐自觉或不自觉地影响到精英文学的创作意识,在对审美风格的整合过程中完成了对精英文学文化领导权的侵占,"如高建新的《最后一个匈奴》和老村的《骚土》,与《白鹿原》异曲同工。这批小说的风行,实际上开始了当代审美文化对中国严肃文学与流行文学的整合。整合的结果是,文学的感性价值、观赏性成为基本的,并且唯一确定的价值,而文学的理性价值、意义因素,甚至情感价值,却变成了可疑的附属物,变成了纯粹个人性的因素"[2]。精英文学的文学特征在于它始终保有文学的价值理性,而网络文学则首重游戏性而轻价值理性。精英文学要实现"大众化"目标必须在价值理性与游戏性之间寻求到平衡的可能,使之兼备诗性意味的同时能够得到更多的读者青睐。走上此种路径的精英文学势必如同网络文学一般

---

[1] 朱立元:《当代西方文艺理论》,华东师范大学出版社2014年版。
[2] 肖鹰:《当代审美文化的表演仪式化》,《文艺研究》1996年第3期,第20—26页。

受到关乎文学性问题的指摘,而非但如此便不能完成这一目标,而固守领地的相应后果则是精英文学在网络时代文化领导权的旁落。

(二) 网络文学与精英文学的共生性关系

精英文学文化领导权的旁落在一定程度上致使了网络文学的繁荣。在米歇尔·德·塞托看来精英阶层拥有对文本的注释权力,这种独属的注释权力使得精英阶层的文本书写成为"字面"含义。而读者在阅读过程当中始终被独立于文本之外,由"阅读"产生的书写只能服膺于官方的"字面意思",而"阅读"成为了使读者与某一精英阶层所散布"信息"相适应的接口。德·塞托对于阅读实践的分析,实则同样是关于文化领导权的表述,他从读写关系当中阐明了精英阶层对于文化领导权的绝对拥有,以及阅读者的被动地位。而在揭示阅读实践的社会等级化真相之外,德·塞托在分析教会书写时认为"读者的创造性逐渐增长,因为控制这一创造性的体制的势力渐减弱"[①],则道出了在这种层级结构当中两者地位的消长趋势及其原因,他意在表明两者间存在的一体化结构以及共生关系。

由此可见,当下中国网络文学发展形势向好的缘由不仅在于经济、文化,以及媒介等因素,同时也与精英文学文化领导权的旁落相关,精英阶层对于书写以及注释权力的话语把持使其忽略掉阅读中产生的创造性书写。黄鸣奋认为网络文学的演变历经了三个形态"互联网时代是精英阶层为主导的先锋文艺、异域文艺,移动互联网时代是草根阶层为主导的通俗文艺、本土文艺,后移动互联网时代正朝创意阶层为主导的算法文艺、世界文艺演变"[②]。当下所处的后移动互联网时代越发强调网络文学的创意性与创造性书写,创意阶层的崛起正是以精英阶层所领导的广大读者群为基底而衍生出的。其是在精英知识分子的文化底蕴基础上,对其进行戏仿或再创造从而完成了对精英文化的消解并树立了新的文学范式。而后移动互联网时代的网络文学并没有完全祛除受精英阶层文学影响的文化痕迹,相反在网络文学中可以看到大量精英阶层的文化书写,如会说话的肘子的小说中呈现出的乡愁意识、马伯庸笔下的底层关怀、愤怒的香蕉小说中的历史叙述等等。与精英文学逐渐旁落的文化领导权一道减弱的是其对大众创意的限制枷锁,而其所创造的精英文化则成为网络文学创造性产出

---

① [法] 德塞托:《日常生活实践》,方琳琳译,南京大学出版社 2009 年版。
② 黄鸣奋:《后移动互联网时代的网络文艺》,《福建论坛(人文社会科学版)》2018 年第 8 期,第 38—47 页。

的光辉底色。

（三）当代网络文学的范式结构

从网络文学的发展现状以及发展前景来说，网络文学在当代已然显现出精英化的势头，从阅读市场来看，网络文学（小说）可谓当今的"精英文学"。网络文学能够产生出对民众的强吸附能力，原因在于网络文学以大众文化为基底，基于中华民族的"乐感"基因塑造出了网络时代的通俗文学范式。网络文学通过对大众文化、流行文化、消费文化的整合与演化建构起了符合本阶层趣味的文学话语结构。

其次，当代社会阶层中的个体位置相对固定，个体生活的稳定形态带来的是对于"他者"的渴望，其中涵盖了对异质生活、空间以及阶层等各式各样的憧憬。这对于文学的叙事性提出了更高的要求。网络文学作为网络时代对通俗文学的生命延续，继承了通俗文学"讲故事"的文学传统并在当代不断深化这一传统，不论在题材上如何分类，大致都是以记叙故事为主要目的。网络作家以恣意汪洋的想象对既有命题进行虚构并创作出一个通俗化的文学文本，无论是玄幻、言情还是都市小说，网络小说旨在对平凡日常生活的琐碎与无聊进行消遣，以满足受困于现实环境中的大众欲望。反过来说，网络文学对于叙事性的深耕同时也造就了网络文学体量的不断扩大。网络文学的覆盖面不仅涵盖了中国当下社会的各行各业同时也囊括了中国古代历史文化、奇闻轶事、神话传说等等，网络文学的文类十分驳杂，文化因素更是令人眼花缭乱，网络文学对中国文化的创造性转述，使其能够成为"讲好中国故事"并且实现"网文出海"的重要路径。

最后，当代文化的文化资本化与资本文化化趋势营造出了文化与资本相互转化的商业模式，它使当代文学具有了文化商品的价值底色。当代文学不仅是作为文学本体而存在的艺术概念，更是兼具了以艺术为底本的商品概念，其能够通过各种媒介转化形成电视剧、电影、有声书、动漫、游戏等其他艺术门类。当代文学所形成的大致文化范式，即集阶层性、满足性以及可转化性为一体的功能性与艺术性相结合文学类型。

三、当代精英文学文化领导权的重建

"文学在社会文化和社会生活中的权威性或中心地位，主要归功于其社会作用,而非其审美功能"①。由于历史时期社会中心任务的不同,文学的主要表现内容在不同历史阶段之内大相径庭。文学始终旨在以艺术表达来谋求大众的思想合力,从而服务于社会的中心任务。因而,文学的中心地位有赖于读者的接受程度,而当代精英文学所言称的"文学边缘化"实质上是精英文学的视野错位所导致的偏差认知。

精英文学的边缘化从文学史中的"路遥现象"大概可以对其窥见。路遥《平凡的世界》评价的两极分化中可以观察到精英文学地位不断"边缘化"的影子。与文学评论家对《平凡的世界》的淡漠不同,读者群体对其极为热忱以至于《平凡的世界》一度成为文学市场的"常销书"。读者对其关注的视点在于孙少平艰难的个人奋进之路,"孙少平作为底层青年的奋斗故事与这种愿望有些游离,但正是他的故事才成为吸引万千读者最重要的'卖点'"②。而对于精英阶层来说,《平凡的世界》作为一部现实主义作品,其在内容上并没有承载路遥意图创作"史诗"该有的现实主义深度,因而被精英文学所漠视。当以"路遥现象"反观网络文学时,此种差异更为明显。大众对于网络文学的认同并非以审美价值尺度做出价值判断,而是如同孙少平的个人奋斗一般,对网络文学中所传递出的奋进精神产生的共情,读者更加看重的是"情感结构"的相似性。当代精英文学文化领导权的重建需要对当代社会的文化环境做公允的价值评判,从当代社会的文化语境出发做出相应调整以维系精英文学在当代的文学话语权并重整旗鼓再度出发。

(一) 精英文学视野错位的纠偏

"文学作品是注定为读者而创作的,读者是文学活动接受过程的能动主体"③。20世纪90年代以降到新时代之前的文学始终将内心化创作或私人写作作为文学创作的要旨,而90年代之后"由于文学与市场的对接,作家的创作不再是作家本人的事情,而是整个文学出版中的一个环节"④,文学写作开始呈现出市场化的趋势,文学写作市场化意味着话语权的下移,也就是说文学的公众阐释地位开始攀升,以读者为导向的结构形式是文学市场化的必然趋势。文学市场化的趋势在某种意义上显现出"为他"主义的思想倾向。

---

① 张俊:《作为历史常态的文学边缘化及其当代处境》,《人文杂志》2019年第1期,第76—85页。
② 吴进:《"路遥现象"探因》,《陕西师范大学学报(哲学社会科学版)》2015年第6期,第76—83页。
③ 张冬梅:《推倒文学的围墙——论姚斯的接受文学史观》,《学术交流》2005年第8期,第131—133页。
④ 周根红:《新时期文学畅销书的市场化生产》,《百家评论》2020年第1期,第4—10页。

认识到文化市场化中的读者导向,并积极地介入到当中来,这对于精英文学而言是一次不可多得机会。现代媒介建构了更为广泛的公共空间,同时也为公众搭建了更便捷的言说平台,大众的话语权力通过现代媒介的放大成为重要力量之一。在当代,精英阶层的文学创作势必不能继续维持"作者中心"的创作模式,而是要将大众自我构建的阶层话语势能重视起来,抛弃掉传统偏狭的精英视角,对大众需求做出公允客观的审视。这同时也对精英阶层的文学创作提出了更高的要求,如何深入到读者当中了解读者的阅读需求,并在文学创作中采用精英创作模式的手段艺术化地将读者需求表达出来。这意味着,当代文学的注视点要不断地通过大众的口碑效应,在社会层面上集聚属于精英文学的话语势能,通过大众认同不断扩大精英文学的影响力从而扩大精英文学在当代社会之中的文化领导权。

（二）精英文学的媒介化走向

当代社会处于多媒介融合的发展趋势当中,当代社会精英文学文化领导权的建构务必要与数字媒体做出紧密联动,通过媒介手段不断扩展本身的文化影响力。

精英文学在影视化过程中的失位原因在于两点,其一是精英文学作家对于文学影视化的保守态度,担心文学影视化后对文学严肃性的消解;其二在于新世纪以后"文学创作却逐渐表现出资源枯竭和想象贫弱的影视化症候"[①]。精英阶层保守的文学观念,以及在影视化过程中表现出的种种不适应成了精英文学逐渐淡出大众视野的重要原因之一。这一情形在当代文学走入新时代以后则有了重大改观,影视文学在当代社会中所占比重的增大以及新时代的文学号召使得当代文学作家开始转变创作风格。如陈彦的《装台》三部曲以及来自"铁西三剑客"之一双雪涛的《平原上的莫西》。这些作品皆先后被改编为影视剧并获得了极大的成功,因为当代文学的影视化,这些作家才开始在大众层面受到更多关注,同时也提升了大众对于精英文学小说本身的阅读欲望,而之后《人世间》的爆火则将大众视野对精英文学的关注度再度拉高,这些精英文学影视化的成功案例实际上代表了当代中国精英文学在新媒体时代与多媒体之间的交互可能。通过精英文学与媒介间的交互可能可以看到,在影视之外的其他媒介领域当中,无论是短视频平台、有声书、还是社交软件当中,当代精英文学应当以更为主动

---

① 周根红:《影视化想象与小说的影像摹写》,《扬子江评论》2016年第1期,第95—99页。

的姿态走向多媒体的数字化时代当中,在媒介的融通过程中重塑精英文学的文化权威。

（三）叙事性的发展与更新

精英文学的书写始终受困于写实与虚构之间,并在其中不断徘徊,精英文学在文学创作中产生出的种种问题,并不在于文学创作是否疏离现实,而是在于其在面对不同种类的创作材料之时只能攫取而缺乏化用能力。换言之,即其始终固守对文学之为文学的本体性特质,却忽视了文学之为文学的技术性特质。反观网络文学,当代文学精英在指斥网络文学"装神弄鬼"之时却也忽视了网络文学事实上解放了作家的想象力并增强了对中华文史材料、神话传说、现实现象的化用能力和建构能力,而这恰恰是精英文学困境之所在。

当代社会大众已经初步具备了对于高雅艺术的鉴赏和感知能力。就近几年大众对于电影或者小说的风评而言,大众对于源自"好故事"的精神洗礼需求更为积极。在互联平台的评论区之下,时常可以看到大众针对某本书、某部影视剧或者动漫等作品做出褒贬不一的细致品评。当代大众审美品位的上行,为当代精英文学的发展构建起了广泛的受众基础,这也意味着精英文化的文学书写对于艺术的生产提出了更为严苛的要求。当代大众对于文学艺术的审美不会只停留在通俗化的阶段之内,其势必走入品质化进程之中,精英文学如何通过讲好故事完成对于大众的精神洗礼,承担起一个精英意识形态"代言人"的身份,立足于完成当下的时代书写。

四、结语

数字媒介时代的到来成了中国网络文学趁势崛起的重大机遇,同时也造就了精英文学在当代的边缘化。在网络文学与精英文学的雅俗对立表象当中,能够发掘到两者的对立事实上事关文学领域内的文化领导权争夺问题。通过分析发现,当代精英文学与网络文学文化领导权的争夺在表征上呈现出柔性特征,网络文学在当代文学格局中文化领导权的扩大,是以精英文学文化领导权的旁落为前提形成的。换言之,精英文化文学在当代的文学样态与当代文化环境之间,两者无论是在文化视野、文化趣味或审美视点上都呈现出较大差异,而网络文学所处阶层的特质则为其赋予了天然优势,使其在当代社会的文化环境中如鱼得水。因此,精英文学在寻求突破的路程中始终落后于网络文学,这种滞后性使得网络文学逐渐走向当代社会的文学中心位置,同时也揽获了文化领导权的更多权重。

而精英文学要重构当代社会的文化领导权,则必须对精英文学的文学样态做出适应性调整,以适应数字媒介时代的文化环境,而网络文学的发展形势以及发展路径则能够为其提供具有借鉴意义的参考。从两者在文学领域的文化领导权存在形势来看,网络文学与精英文学是文学场域内异质同构的文化共生体。在当代社会的文化环境中,两者应当以更为包容的姿态相互融通相互促进,以合力的方式使得中国文学在当代社会中发挥文化的服务社会功能。

参考文献:

[1] 肖惊鸿等:《2020年度中国网络文学发展报告》,2021年3月18日,作家网。

[2] 孟繁华.传媒与文化领导权:当代中国的文化生产与文化认同[M].山东教育出版社,2003.

[3] 郁达夫.文学概说[M].浙江大学出版社,2009.

[4] 马仲殊.文学概论[M].现代书局,1930.

[5] 郑振铎.中国俗文学史[M].商务印书馆,2010年,第1页。

[6] 金春平."文化领导权"与20世纪中国文学的生产格局[J].华中科技大学学报(社会科学版),2013,27(2):1-8.

[7] 张彬.从"解构"走向"结构":当代中国社会阶层分化的基本趋势[J].长白学刊,2006(4):81-84.

[8] 白新杰.当代中国社会阶层流动、重组及语言分化[J].山东农业大学学报(社会科学版),2021,23(2):146-151.

[9] 陶水平.文学艺术场域学术话语的自主、开放、表征与竞争——布尔迪厄的文化场和艺术再生产理论探微[J].中国文学研究,2017(2):5-14.

[10] 黄鸣奋.后移动互联网时代的网络文艺[J].福建论坛(人文社会科学版),2018(8):38-47.

[11] 张永禄.建构网络小说的类型学批评[J].当代文坛,2022(6):107-114.

[12] 张俊.作为历史常态的文学边缘化及其当代处境[J].人文杂志,2019(1):76-85.

[13] 吴进."路遥现象"探因[J].陕西师范大学学报(哲学社会科学版),2015,44(6):76-83.

点评

　　文章探讨了网络文学与精英文学在当代社会中的文化地位及其变迁,视角独特且具有较强的现实意义。从学术规范写作的角度来看,文章整体结构清晰,逻辑严谨,论点明确,符合学术论文的基本要求。文章在开篇明确提出了研究问题,并围绕精英文学与网络文学的文化领导权争夺展开论述。在分析过程中,作者详细梳理了雅俗论争的历史脉络,结合社会阶层差异、文化资本理论等多学科视角,深入探讨了文化领导权旁落的原因及其后果。这种跨学科的研究方法不仅拓宽了研究视野,也增强了论证的深度和广度。

　　在写作上,文章语言流畅,术语使用准确,论证过程充分且有理有据。特别是在分析网络文学与精英文学的共生关系时,作者能够结合具体案例进行剖析,使读者易于理解。此外,文章在引用文献时,能够准确标注出处,体现了良好的学术规范。

低碳城市建设能否促进绿色城镇化发展？

黄兴[*]

摘要：低碳城市试点是寻求城市绿色可持续发展的重要举措。研究基于2006—2020年中国264个城市面板数据，采用双重差分法探究低碳城市建设对绿色城镇化发展的影响及其作用机制。研究结论为：低碳城市试点建设显著提高了试点城市绿色城镇化发展水平；低碳城市建设对绿色城镇化发展的促进作用主要集中在东部城市、大城市和非资源型城市；机制检验结论表明，低碳城市建设可通过提升城市环境基础设施运行效率和绿色全要素生产率促进绿色城镇化发展。本研究拓宽了低碳城市试点政策的效应评估，为设计有关低碳城市建设的制度方案、走绿色发展理念引领下的绿色城镇化道路提供经验证据和有益启示。

关键词：低碳城市；绿色城镇化；渐进双重差分；中介效应模型

引言

中国城镇化率从1978年的17.92%提升至2022年的65.22%，取得了举世瞩目的成就。然而，城镇化过程中也面临着环境污染严重、城乡差距拉大和地区发展不平衡等问题。绿色城镇化作为城镇化的新发展模式应运而生，绿色城镇化核心目标是以人为本，追求经济发展、民生幸福和生态平衡的和谐统一。另一方面，2020年中国提出了力争在2030年"碳达峰"、2060年前实现"碳中和"的"双碳"目标。城镇作为地方科技、交通、贸易和工业的中心，其资源消耗量和温室

---

[*] 黄兴，男，中央民族大学经济学院博士研究生，研究方向为发展经济学。

气体排放量占全国比重超过80%(肖仁桥等,2023)。低碳城市试点政策是寻求城镇绿色可持续发展的重要举措,2021年10印发的《关于推动城乡建设绿色发展的意见》和2022年6月发布的《"十四五"新型城镇化实施方案》均强调锚定"双碳"目标,推动城市低碳建设,促进城镇化绿色发展。低碳试点建设是否能促进绿色城镇化发展、其作用机制如何,这是本研究在绿色发展转型过程中亟待回答的问题。与本研究相关的成果主要有以下三类。

第一类是关于低碳城市试点政策研究。学界大多聚焦于评估低碳城市试点政策的实施效果,主要关注其在环境和经济方面的影响效应。如在环境效应方面,低碳城市试点政策的实施显著降低了碳排放水平(张华,2020;赵彦云等,2023)、提升生态效率(郭炳南等,2023)、有助于降低空气污染,提升空气质量(宋弘等,2019)以及改善城市环境进而提高国民健康素养(刘伟明等,2022)。在经济效应方面,王亚飞和陶文清(2021)发现低碳城市试点政策对城市绿色全要素生产率具有倒"U"型影响;邓世成等(2023)研究得出低碳城市试点政策显著提升了长三角地区试点城市的绿色创新效率。此外,低碳城市建设还能吸引外商直接投资(龚梦琪等,2019)、显著提升企业出口产品质量(沙文兵和彭徐彬,2023)、增加就业机会(王锋和葛星,2022)等。第二类是关于绿色城镇化研究,围绕绿色城镇化的内涵、影响因素、测度、实现路径及对策等方面展开。内涵方面,绿色城镇化是一种城镇人口、经济、资源、环境相协调,绿色发展和城镇集约开发相结合,经济高效、低碳减排、资源节约、环境友好的新型城镇化模式(魏后凯和张燕,2011)。在影响因素方面,(张泽义2018)政府因素、产业结构因素、外在动力因素、市场因素、环保意识因素对于绿色城镇化效率均能产生正向影响。在测度方面则大致分为绿色城镇化的效率测算(张泽义,2018)与构建指标体系度量绿色城镇化发展水平(张东玲等,2021;时朋飞等,2022)。在实现路径及对策方面,绿色城镇化建设要坚持以"绿"为基色,以"绿色"产业为基础,以"绿色"试点建设为突破口,以"绿色"制度建设为契机,从而助力绿色城镇化发展(张贡生,2018)。基于生态文明视角,认为绿色城镇化的三大任务板块是对已有城市进行重塑、以绿色方式实现未来新增城镇人口的城镇化、对乡村重新认识和定位(张永生,2020)。第三类研究集中于低碳城市建设与绿色城镇化发展之间的关系。如臧传琴和孙鹏(2021)研究发现低碳城市建设通过产业结构高级化和技术创新促进了地方绿色发展。龚星宇等(2022)也指出低碳城市建设对城市绿色经济增长有显著的正向促进作用。曹翔和高瑀(2023)认为低碳城市试点政策能推动城市居民绿色生活方式形成。此外,环境规制能有效提高新型城镇化发展水平(李泽众和沈开艳,2019),有助于减少城镇化过程中环境污染和破坏,促进生态环境保护(何春和刘荣增,2020);同时环境规制政策对城市群绿色发展会产生"合规成本"式的抑制效应和"创新补偿"式的促进效应(郭建斌和陈富良,2021),对居民绿色低碳生活行为也有显著的促进作用(贾亚娟和范子珺,2023)。

总而言之,已有研究在低碳城市建设和绿色城镇化两方面都取得了丰富的成果,然而,针对低碳城市试点建设与绿色城镇化之间关系的研究文献仍相对较少。鲜有文献关注低碳城市建设对绿色城镇化发展的作用机理及影响如何。故本研究重心在于:① 研究视角上,以低碳城市建设为切入点,采用双重差分法全面评估低碳城市试点建设对绿色城镇化发展的政策影响,弥补了低碳城市试点建设对绿色城镇化发展的研究领域缺口,进一步丰富了低碳城市试点政策与绿色城镇化发展交叉研究的深度和广度。② 研究内容上,在深入分析低碳城市试点政策对绿色城镇化发展影响基础上,进一步揭示绿色全要素生产率和环境基础设施运行效率对绿色城镇化发展的作用路径,探讨低碳城市建设的主要着力点。

一、理论机制

绿色城镇化发展的理念是以人为本,追求人与自然的和谐共生,将城市建设与环境保护相结合,推动城市产业、空间和生活方式的转型升级。而低碳城市建设作为推动新型城镇化发展的重要手段,通过采用清洁能源、推广节能技术、改善交通运输系统、采用绿色建筑、促进循环经济等措施对资源高效利用和环境有效保护,为绿色城镇化发展提供有力支撑。

(一)低碳城市建设影响绿色城镇化发展的直接效应

(1)资源效应。低碳城市建设促使企业自主选择总量控制下的治污水平,绿色金融通过设立绿色金融标准和指标,制定绿色贷款政策和金融产品,将引导资金流向低碳项目,提高低碳城市建设的融资便利性和融资成本优势,为包括清洁能源技术、能源效率技术、智能交通技术等低碳技术的研发和应用提供资金支持,推动能源的清洁利用、环境友好型产业的发展,从而实现资源的有效配置和高效利用,推动资源配置绿色化,进而推动绿色城镇化发展。

(2)经济效应。一方面,"双碳"目标约束将倒逼城市对低技术、高排放行业进行转型升级,扩大低碳产业比重,发展清洁能源产业,推动节能和环保技术的应用,促进经济结构向低碳、绿色发展方向调整。另一方面,随着消费者环保意识的提高,绿色产品和服务的需求逐渐增长。

(3)环境效应。低碳城市建设通过制定资源管理政策和措施,限制资源的过度开发和浪费,鼓励节约资源和循环利用;加强环境监测体系建设,定期发布环境状况和污染物排放等数据来限制破坏性的人类活动,改善生态环境的质量。

(4)社会效应。低碳城市建设从城市基础设施低碳建设和低碳生活两方面促进城市运行绿色化。如完善便捷公共交通系统、自行车道网络以及提供可持续能源供应等。在低碳生活方面,通过提供相关教育和培训,向居民传递低碳生活知识和技能,促使居民主动采取低碳生活方式,以适应和支持绿色城镇化发展。

由此,提出假设 H1:低碳城市建设能够提升绿色城镇化发展水平。

(二)低碳城市建设影响绿色城镇化发展的间接效应

(1)提升绿色全要素生产率。低碳城市建设一方面通过促进节能技术、清洁生产工艺等的研发,推进资源循环利用来提升绿色全要素生产率水平,另一方面也通过绿色金融提供绿色贷款、绿色债券等金融产品,为绿色城镇化项目提供资金支持,帮助企业引入绿色技术和设备,促进绿色全要素生产率的提升。

(2)提升环境基础设施运行效率。首先,低碳城市建设通过提高基础设施运行效率,提高供水系统的水资源利用效率,减少供水损失和浪费;优化垃圾处理系统,实现垃圾资源化利用等,实现资源的有效利用和管理,有助于减少资源的消耗和浪费,促进绿色城镇化发展。其次,通过改善排水系统、减少污水和废水的排放,控制大气污染物的排放等措施,降低环境污染物排放,缓解城市环境的污染压力,促进绿色城镇化发展。另外,低碳城市建设加大对环境基础设施建设投入力度,通过技术改进、管理优化等措施,提高设施的运行效率和管理效能,可以降低维护和运营成本,为绿色城镇化提供了经济支持。由此,提出假设 H2 和 H3。

H2:低碳城市建设提升绿色城镇化发展水平可以通过提升绿色全要素生产率实现。

H3:低碳城市建设提升绿色城镇化发展水平可以通过提升环境基础设施运行效率实现。

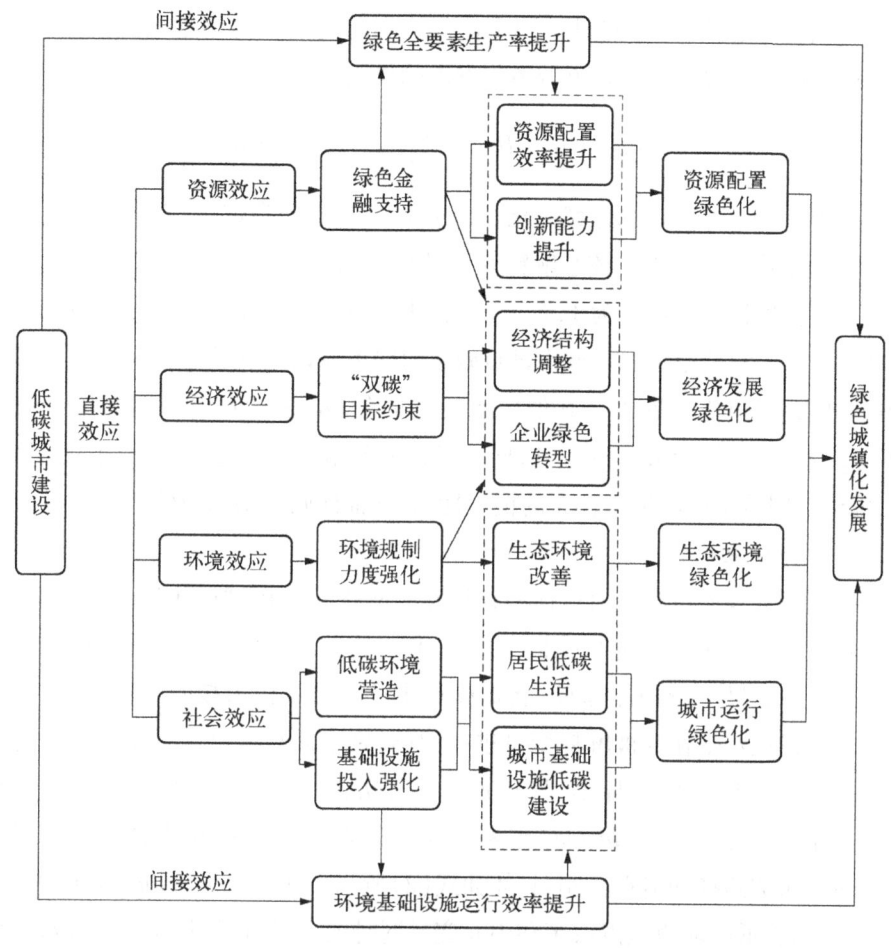

图 1 理论机制图

二、研究设计和数据说明

(一)模型设定

1. 双重差分模型

为了更加科学且稳健地评估低碳城市建设是否促进了绿色城镇化发展水平的提升,研究将低碳城市试点政策的作为外生冲击,通过多期 DID 模型进行评估。试点城市从 2010 年开始,分别在 2012 年至 2017 年之间分批次逐步增加试点城市数量。传统 DID 模型不能满足这一扩容性特点。本研究参考 Beck et al

(2010)的研究思路,构建同时控制个体效应和时间效应的双重差分模型,以验证低碳城市试点政策影响绿色城镇化发展的作用效应,具体形式如式(1)所示。

$$Greurb_{it} = \alpha_0 + \alpha_1 DID_{it} + \sum \alpha_j X_{it} + u_i + \delta_t + \varepsilon_{it} \qquad (1)$$

其中,$Greurb_{it}$代表绿色城镇化发展水平,i和t分别代表所在城市和对应的年份。DID_{it}代表所处理的核心解释变量,如果城市i在第t年被遴选为低碳城市试点则对应虚拟变量取值为1,若未入选则取值为0。研究重点关注处理虚拟变量的系数α_1,它衡量了低碳城市试点政策对绿色城镇化发展的影响。X_{it}代表可能影响绿色城镇化发展水平其他控制变量集合,α_j表示对应控制变量集的系数,ε_{it}表示随机扰动项。模型(1)同时考虑了个体固定效应u_i和时间固定效应δ_t,能够克服传统回归模型存在的偏误性,以保证回归结果的稳健性。

2. 中介效应模型

为探求低碳城市建设通过何种作用路径实现对绿色城镇化发展的影响,研究将通过中介效应检验进行验证。同时,借鉴温忠麟等(2004)的研究,构建中介效应模型,具体步骤为:首先,将低碳城市试点政策作为核心解释变量,将绿色城镇化发展水平作为被解释变量进行回归,判定低碳城市试点建设对绿色城镇化发展的影响作用,具体如式(1)所示。其次,将绿色全要素生产率($gtfp$)和环境基础设施运行效率($lneioe$)作为被解释变量,探究低碳城市试点建设对中介变量的影响路径和潜在机制,具体如式(2)所示。其中,$mediator_{it}$表示中介变量。最后,将低碳城市试点政策和中介变量同时纳入回归模型,检验二者对绿色城镇化发展的影响,具体如式(3)所示。

$$mediator_{it} = \gamma_0 + \gamma_1 DID_{it} + \sum \gamma_j X_{it} + u_i + \delta_t + \varepsilon_{it} \qquad (2)$$

$$Greurb_{it} = \eta_0 + \eta_1 DID_{it} + \eta_2 mediator_{it} + \sum \eta_j X_{it} + u_i + \delta_t + \varepsilon_{it} \qquad (3)$$

(二) 变量设定

1. 被解释变量

绿色城镇化发展水平($Greurb$)。研究在兼顾系统性、可操作性、完备性和可持续性等基本原则的同时对绿色城镇化发展指标体系进行了深度的综合考量,参考杨角(2020)与杨飞虎等(2023)的研究成果,从经济发展、资源高效、环境友好、社会进步等四个方面构建绿色城镇化水平的综合评价指标体系(见表1),对我国

264个地级市的绿色城镇化发展水平进行综合评价。并且在运用熵权法客观地确定了各指标在评价指标体系中权重的基础上,使用均值标准化测算得出最终得分。

表1 绿色城镇化发展水平的综合评价指标体系

一级指标	二 级 指 标	指标单位	指标属性
经济发展	人均地区生产总值(X1)	元/人	正向
	第三产业增加值占GDP比重(X2)	%	正向
	在岗职工平均工资(X3)	元/人	正向
资源高效	单位GDP电耗(X4)	亿千瓦时/万元	负向
	单位GDP水耗(X5)	吨/万元	负向
	单位建成区面积实现的GDP(X6)	万元/平方公里	正向
	工业固体废物综合利用率(X7)	%	正向
环境友好	生活垃圾无害化处理率 X8	%	正向
	生活污水集中处理率(X9)	%	正向
	人均工业废水排放量(X10)	吨/人	负向
	人均工业二氧化硫排放量(X11)	吨/万人	负向
	人均工业烟(粉)尘排放量(X12)	吨/万人	负向
	建成区绿化覆盖率(X13)	%	正向
	人均公园绿地面积(X14)	平方米/万人	正向
社会进步	人均城市道路面积(X15)	平方米/人	正向
	人均公共汽(电)车数量(X16)	辆/万人	正向
	科技支出占GDP比重(X17)	%	正向
	每万人在校大学生数量(X18)	个/万人	正向
	每百人公共图书馆藏书量(X19)	册/百人	正向
	每万人拥有医生数量(X20)	位/万人	正向

注:以上数据均由作者收集整理所得。

2. 核心解释变量

本研究将低碳城市试点政策实施的城市作为观察对象,并将其作为核心解释变量用于解释绿色城镇化发展水平的变化和影响。低碳城市试点政策分别于2010、2012和2017年实施,为避免政策实施较晚年份对于回归结果的干扰,主要分析2010年、2012年以及少部分2017年实施的低碳城市试点政策对绿色城镇化发展的影响。具体而言,本研究将低碳试点城市设置为实验组(group)赋值为1,非试点城市设置为对照组赋值为0。以试点城市实施时间为分界线,试点城市实施之前赋值为0,实施当年及之后年份赋值为1(限于篇幅,未公布具体名单)。

3. 控制变量

① 产业结构合理化能力($lnind$)。优化和升级产业结构能力可以加速低碳、环保及新兴产业的发展,对绿色城镇化进程产生积极影响。研究采用第三产业增加值与第二产业增加值的比重表示。② 城市营商能力($lnfdi$)。城市营商能力能够提高投资环境和服务,更好地制定和实施相关政策,以保障低碳和环保产业的发展和吸引更多的低碳和环保企业进入城市,促进绿色城镇化的发展。本研究用各地级市实际利用外商直接投资额与GDP的比值表示来表示营商能力。③ 经济开放能力($lnope$)。经济开放能力能够加强国际合作和交流,将绿色技术和产品推向国际市场,扩大生产规模,对绿色城镇化具有积极影响,研究用各个地级市进出口总额占GDP比重衡量该指标。④ 政府财政能力($lngov$)。政府财政能力可以支持城市绿色基础设施建设、城市绿色产业的发展和绿色科技创新,有利于绿色城镇化发展。研究采用政府财政支出占GDP比重来表示。⑤ 环境规制强度($lnreg$)。环境规制强度能够约束、规范城市环境污染和资源浪费行为,提高环保意识,规范环境行为,促进绿色产业发展,推动绿色城镇化发展。研究参考欧阳晓灵等(2022)研究思路采用Python软件选取各地级市《政府工作报告》中与环境相关词汇频数作为环境规制的代理变量。⑥ 城市绿色创新能力($lngreen$)。城市绿色创新能力的提高意味着城市在环境保护和可持续发展方面具备更强的创新能力,能够引领和推动绿色城镇化的发展。研究在此通过每万人绿色专利技术申请数量来衡量。

4. 中介变量

① 环境基础设施运行效率($lneioe$)。借鉴潘笑菲等(2019)的思路构建环境基础设施运行效率的指标体系并采用DEAP2.1软件进行测算。指标体系见表

2。② 绿色全要素生产率($gtfp$)。借鉴张英浩等(2022)的研究思路以2006年为基期建立绿色全要素生产率指标体系使用 MaxDEA 软件进行测度。

表2 环境基础设施运行效率指标体系

类别		指标	名称	单位
环境基础设施运行效率	投入指标	资金投入	环境污染治理投资总额	万元
		人员投入	水利、环境和公共设施管理业从业人员	万人
		垃圾处理设施	生活垃圾无害化处理厂数	座
		污水处理设施	污水处理厂座数	座
		市容环卫设施	市容环卫专用车辆设备总数	台
	产出指标	垃圾处理成效	生活垃圾无害化处理量	万吨
		污水处理成效	污水处理厂处理量	万立方米
		市容环卫成效	道路清扫保洁面积	万平方米

(三)数据来源

根据数据的完善性与可得性,研究最终对2006—2020年264个地级市展开研究。其中,计算绿色全要素生产率所需的PM2.5浓度数据来自美国哥伦比亚大学社会经济数据与应用中心公布的测算数据,低碳城市试点名单源于国家发展和改革委员会官方网站,地级市环境污染治理投资总额借鉴丁焕峰等(2021)的研究思路计算得出(本研究对丁焕峰等学者的计算方法进行了一些调整,考虑到一省之中地级市的财政支出总和可能会大于该省的财政支出,如2010年江苏省等。为应对上述情况,研究将省份财政支出小于该省所有地级市财政支出总和的地级市环境污染治理投资总额的计算方式转变为,以该地级市财政支出占该省所有地级市财政支出总和的比重再与省级环境污染治理投资总额的乘积近似表示),2020年的全社会固定资产价格指数使用近五年的平均增长率进行补充。其他数据均来自最新的《中国城市统计年鉴》、地方统计局官网和各省市统计公报。剔除了毕节市、巢湖市、铜仁市等2011年之后因行政区划分而改变的地级市。部分缺失数据使用插值法进行填补,表3描述了统计结果。

表 3　描述性统计结果

变量符号	变量定义	样本数	均值	标准差	最小值	最大值
Greurb	绿色城镇化发展水平	3 960	1.000	1.301	0.219	30.780
DID_{it}	低碳城市试点政策	3 960	0.22	0.42	0.000	1.000
lnind	产业结构合理化能力	3 960	−0.18	0.47	−2.361	1.677
lnfdi	营商能力	3 960	−4.72	1.44	−13.512	−1.615
lnope	经济开放能力	3 960	−2.34	1.64	−13.020	3.214
lngov	政府财政能力	3 960	−1.82	0.47	−3.155	0.396
lnreg	环境规制强度	3 960	1.983	0.87	0.000	3.337
lngreen	城市绿色创新能力	3 960	−2.14	1.74	−8.119	3.301
lneieo	环境基础设施运行效率	3 960	−32.308	20.000	−66.238	0
gtfp	绿色全要素生产率	3 960	0.639	0.248	0.000	1.131

注：以上数据均由作者收集整理所得。

三、实证结果分析

（一）平行趋势检验和动态检验

为检验绿色城镇化发展水平的提升是否是由低碳城市试点政策所引起的，本研究引入平行趋势检验评估这一问题。通过平行趋势检验方法，可以将试点城市和非试点城市之间在低碳城市建设之前的趋势进行比较，以此来确定试点城市的政策实施对绿色城镇化发展的影响。如果试点城市在政策实施前和非试点城市之间没有明显的差异，那么在政策实施后，试点城市的变化应该主要归因于政策实施，从而可以判断试点政策的效果是否有效。限于篇幅，本文仅对政策实施的前 5 期和后 6 期进行实证检验。为避免共线性影响，研究去除政策实施前最后一期。如式公式(4)所示 n 表示距离低碳城市试点政策实施时间的年份数量，$birthyear_i$ 代表 i 城市成为试点城市的年份。当 $t - birthyear_i = n$ 时，$I_{it}^{t-birthyear_i=n}$ 取值为 1，不等于 n 时取值为 0。

$$Greurb_{it} = c_0 + \sum_{n=-5}^{n=6} c_n (I_{it}^{t-birthyear_i - n}) + \sum c_j X_{it} + u_i + \delta_t + \varepsilon_{it} \quad (4)$$

公式(4)的回归结果如表 4 所示,在低碳城市试点政策实施前一期回归系数 c_n 通过显著性检验。研究认为在低碳城市试点选取过程中,地方政府会优先获得消息,并且在晋升压力、政策预期及激励机制作用下,地方政府往往会有积极性在政策实施之前就开始实施环境和经济改善措施,以提前参与到低碳城市建设过程中。因此,在政策实施前一期,低碳城市建设就能显著促进绿色城镇化发展。此外,由于地方政府提前开始低碳城市建设会积累实践经验并产生示范效应,当低碳城市试点政策实施当期,低碳城市试点对绿色城镇化发展的促进作用就能够在 1% 显著性水平上成立。通过上述论证,认为低碳城市建设对绿色城镇化的影响满足平行趋势检验。图 2 刻画了低碳城市试点政策实施前后绿色城镇化发展水平的动态变化趋势。表 4 描述了回归系数 c_n 的变化趋势,其中,Prei 表示政策实施前 i 期,Current 表示政策实施当期,Posti 表示政策实施后 i 期。随着政策实施的深入,回归系数的值呈现上涨趋势,这表明试点城市与非试点城市在绿色城镇化发展水平上的差距正在逐渐扩大。

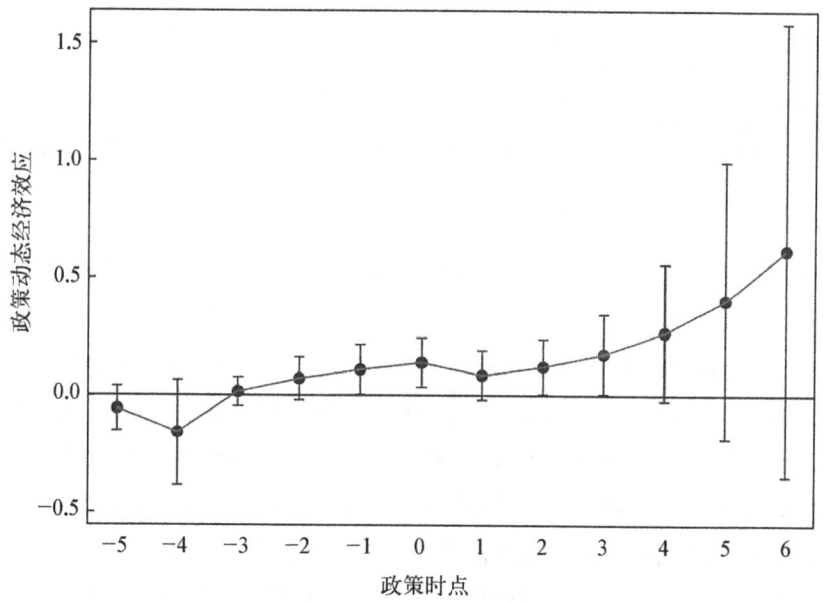

图 2 平行趋势检验与动态变化

注:黑点表示式(5) c_n 的估计系数,短竖线为聚类到市级层面稳健标准误对应的 95% 上下置信区间。

表 4 平行趋势检验

变 量	Greurb	变 量	Greurb
Pre5	−0.057 (−1.170)	Post1	0.086 (1.600)
Pre4	−0.159 (−1.399)	Post2	0.123** (2.069)
Pre3	0.015 (0.490)	Post3	0.176** (2.045)
Pre2	0.072 (1.543)	Post4	0.268* (1.808)
Pre1	0.110** (2.033)	Post5	0.405 (1.350)
Current	0.140*** (2.626)	Post6	0.620 (1.262)
常数项	1.093*** (9.445)	年份固定效应	Yes
控制变量	Yes	个体固定效应	Yes
样本量	3 960	R^2	0.587

注：括号内的数值为 t 值。***、**和*分别表示通过了1%、5%和10%的统计性检验，以下各表同。

(二) 基准回归

本研究利用双重差分模型来证明低碳城市试点政策对绿色城镇化的影响，基准回归结果见表5。表5模型(1)表示未将控制变量纳入回归方程中的回归结果，由模型(1)所示，低碳城市试点政策对绿色城镇化的估计系数在1%水平上显著为正。模型(2)表示在回归方程中加入控制变量的估计结果，低碳试点城市政策仍然在5%的水平上显著为正。研究认为低碳城市建设对于绿色城镇化发展产生显著正向影响，产生这一结果可能的原因在于：首先，相较于非试点城市，低碳试点城市在经济发展的同时，通过引进低碳技术和管理手段，降低能耗、减少污染排放，促进资源的节约利用，注重环境保护，以提高绿色城镇化发展水平。其次，通过提高资源利用效率、促进产业升级和经济发展、提高环境保护水平、促进绿色产业发展和建立绿色创新平台等方式促进绿色全要素生产率提高，推动绿色城镇化发展。最后,通过数据分析和控制,实现基础设施的自动化、智能化和管理优化,以及采用生物降解技术和垃圾分类回收制度,减少垃圾填埋和焚烧等方式,提高环境基础设施运行效率,进而促进绿色城镇化发展。由此假设 H1 成立。

表5 基准回归结果

变量	模型 (1)	模型 (2)
DID_{it}	0.263*** (3.066)	0.272** (2.445)
lnind		0.145 (0.725)
lnfdi		0.037 (1.116)
lnope		0.122 (0.992)
lngov		−0.106** (−2.142)
lnreg		0.421** (2.221)
lngreen		0.053*** (3.197)
常数项	0.943*** (40.401)	1.336*** (3.492)
时间固定效应	YES	YES
个体固定效应	YES	YES
样本量	3 960	3 960
R^2	0.519	0.588

从控制变量来看,产业结构合理化能力(lnind)系数为正,说明产业结构合理化能力可以促进环保产业发展,推动清洁技术和环保设施创新,扩大环保产业规模,提高环保产业的比重,推动城市经济由传统的高污染、高耗能产业向绿色低碳产业转型升级。不显著的原因可能在于,我国主要以工业贸易加工和工业

生产为主,环保产业所占比重较小,影响不明显。城市营商能力(*lnfdi*)系数为正,说明良好的营商环境能够有利于吸引外资,从而促进绿色城镇化的发展。经济开放能力(*lnope*)系数为正,研究认为经济开放能力越强把握全球化发展机遇能力越高,越能够引进先进的环保技术和经验,促进低碳产业发展,从而推动绿色城镇化发展。政府财政能力(*lngov*)的系数显著为负。研究认为可能的原因在于,政府财政支出受到政府政绩考核、经济发展、地方治理机制限制。因此,相较于治理成本高、回报周期长、长期利益大的环保行业,政府部门更易于将有限的财政支出投入到环境成本高、经济增长快、短期回报短的高污染、高能耗行业中。对于生态环境发展的投入不足,因而未能对绿色城镇化发展显示出积极的正向影响。环境规制强度(*lnreg*)显著为正。可能的原因在于,环境规制强度提高可以提升居民和企业对环保的认知和理解,从而改变传统的高耗能、高排放的发展模式,增加环保产业的投资机会,吸引更多的资本和技术进入环保领域,推动环保产业的快速发展,最终促进绿色城镇化的发展。城市绿色创新能力(*lngreen*)显著为正。城市绿色创新能力增强可以通过技术创新和应用来实现环境污染的减少和资源利用的最大化,推动城市经济发展,提高城市的竞争力和吸引力,吸引更多的人才和资源向城市聚集,促进绿色产业的发展,提高城市居民的生活质量和幸福感。以支持绿色城镇化的发展。

(三)内生性与稳健性检验

1. PSM–DID 检验

为避免其他干扰因素对低碳城市试点政策效果的影响,从而更准确地评估政策的实际效果。研究进一步通过 PSM–DID 检验低碳城市建设对绿色城镇化发展的影响,将控制变量作为协变量,采用 1∶1 近邻匹配法对实验组和控制组样本进行选择,匹配出城市特征最相近的试点城市和非试点城市。

表6 PSM 匹配前后样本特征对比

变量	匹配前 t 值	匹配后 t 值	匹配后 P>|t|	减少标准偏误	匹配后标准偏差(%)
lnind	4.31	−0.840	0.403	78.0	−3.60
lnfdi	17.15	0.300	0.766	98.3	1.10
lnope	22.10	−0.720	0.474	97.0	−2.80

续表

变 量	匹配前 t值	匹配后 t值	匹配后 P>|t|	减少标准偏误	匹配后标准偏差(%)
lngov	−11.45	−1.450	0.148	85.4	−6.10
lnreg	−8.21	−0.780	0.437	89.1	−3.40
lngreen	13.48	1.560	0.119	85.5	6.70

在倾向得分匹配后,需要采用平衡性检验来确定处理后是否消除了处理前的不平衡性。由表6可知协变量匹配前显著,协变量匹配后不显著,且所有协变量的匹配标准差的绝对值均低于10%,这意味着无论是匹配之前还是之后,实验组和对照组之间并不存在明显差异,满足匹配平衡性假设。进一步进行双重差分检验,得出试点政策回归系数显著为正,说明基准回归结果是稳健的。考虑到将面板数据转化为截面数据会出现"自相关"问题(谢申祥等,2021),研究在截面PSM-DID检验之后再采用逐年PSM-DID检验来进一步佐证基准回归结果的稳健性。回归结果见表7,由表7可知无论是采用截面PSM-DID还是逐年PSM-DID得出的回归结果都是显著为正的,说明基准回归结果是可信的。

表7 PSM-DID回归结果

变 量	截面 PSM-DID	截面 PSM-DID	逐年 PSM-DID	逐年 PSM-DID
DID_{it}	0.158* (1.699)	0.164* (1.882)	0.246** (2.073)	0.261** (2.044)
常数项	0.655*** (9.776)	0.875*** (3.229)	0.676*** (17.503)	0.792*** (2.993)
控制变量	NO	YES	NO	YES
时间固定效应	YES	YES	YES	YES
个体固定效应	YES	YES	YES	YES
样本量	1 503	1 503	1 613	1 613
R^2	0.048	0.080	0.036	0.092

2. 安慰剂检验

为排除其他随机因素对低碳城市试点选择的干扰,研究引入安慰剂检验来佐证绿色城镇化发展水平的提升是由低碳城市试点建设所引起的。安慰剂检验的基本思路在于当实验组和控制组在政策实施后按照平行趋势发展,将实验组中的试点城市更换为非试点城市之后便不会再检测到处理效应。若安慰剂检验中核心解释变量的系数相较小或未通过显著性检验,则说明基准回归结果具有稳健性(余泳泽和潘妍,2019)。研究采用 stata17 软件,对 264 个样本地级市进行了 1 000 次随机实验,每次选择 82 地级市作为实验组,其余 182 个城市作为对照组并进行双重差分检验。研究得出的安慰剂检验结果可知,核心解释变量低碳城市试点政策的回归系数为-0.006 且不显著,说明低碳城市建设对绿色城镇化的影响与其他随机因素的关系不大。安慰剂检验见图 3。

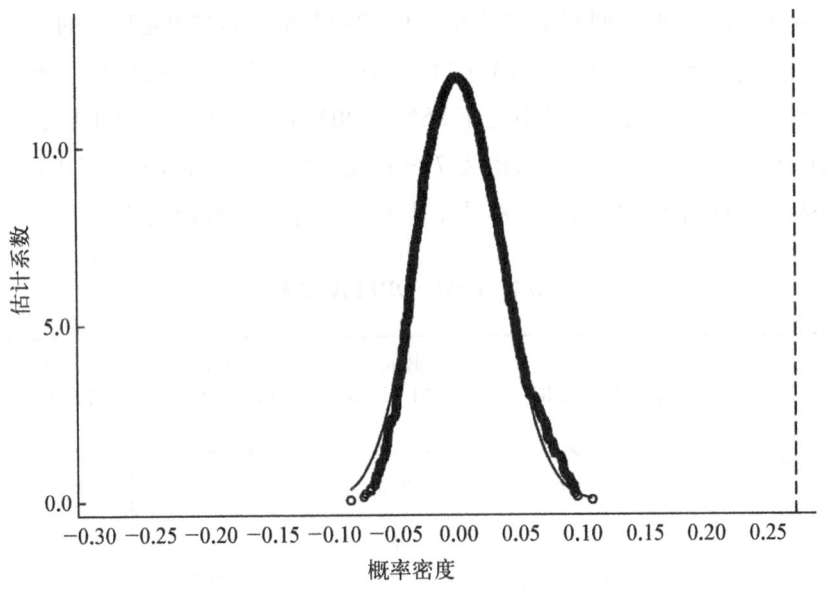

图 3　安慰剂检验

3. 排除其他政策的干扰

考虑到研究选取的低碳试点城市中有多个城市也同时会被国家智慧城市试点政策、环境保护模范城市试点政策、创新型城市试点政策、排污权交易试点政策所影响。为了消除相关政策对低碳城市试点政策实施效果的干扰,在基准回归模型中引入了政策干扰变量作为一个新的变量,模型如下:

$$Greurb_{it} = \rho_0 + \rho_1 DID_{it} + \rho_k did_{it} + \sum \rho_j Control_{it} + \mu_i + \sigma_t + \varepsilon_{it} \quad (5)$$

公式(4)中 did_{it} 依次表示国家智慧城市试点政策(D_1)、环境保护模范城市试点政策(D_2)、创新型城市试点政策(D_3)、排污权交易试点政策(D_4)。若城市 i 在第 t 年成为试点城市,则在 t 年及 t 年之后 did_{it} 均赋值为1。考虑到城市进入试点城市范围的时间不一致,对进入时间进行一些处理。如进入时间小于 t 年6月1日则 did_{it} 赋值为1,如进入时间大于 t 年6月1日则 did_{it+1} 赋值为1。表8模型(1)至模型(4)的回归结果可知,在控制其他政策变量之后,低碳城市试点政策的回归系数显著为正,表明绿色城镇化发展水平的提升确实是由低碳试点城市政策导致的,而非其他政策影响的结果。

4. 样本数据筛选

①剔除直辖市的影响。考虑到北京、天津、重庆和上海四个直辖市在政治资源、初始禀赋及经济发展水平等方面较其他地级市具有优势,为使研究结果更具普适性和推广性,剔除上述四个直辖市样本数量,并重复前文基准回归,回归结果见表8列(5)。②缩尾。为使模型的估计结果更加准确,对绿色城镇化发展水平进行1%的缩尾,回归结果见表8列(6)。③更换绿色城镇化发展水平的测度方法。为避免测度方法对回归结果的影响,将绿色城镇化发展水平的测度方法由此前的平均值熵值法更换为主成分分析方法进行测度,并重复前文的基准回归,回归结果见表8列(7)。综上回归结果可知,低碳城市建设能够显著促进绿色城镇化发展水平,这一结果也从侧面证明了基准回归结果的稳健性。

表8 排除政策干扰

变量	(1)	(2)	(3)	(4)	(5)	(6)	(7)
DID_{it}	0.281** (2.438)	0.274** (2.434)	0.256** (2.537)	0.273** (2.459)	0.273** (2.452)	0.211*** (4.666)	0.252** (2.546)
D_1	0.182** (2.140)						
D_2		0.028* (1.831)					
D_3			0.420** (2.640)				

续表

变量	(1)	(2)	(3)	(4)	(5)	(6)	(7)
D_4				0.119 (0.718)			
常数项	1.294*** (3.533)	1.321*** (3.433)	1.402*** (3.424)	1.275*** (3.895)	1.319*** (3.495)	0.858*** (12.096)	0.933*** (18.807)
控制变量	YES	YES	YES	YES	YES	YES	YES
时间固定效应	YES	YES	YES	YES	YES	YES	YES
个体固定效应	YES	YES	YES	YES	YES	YES	YES
样本量	3 960	3 960	3 960	3 960	3 900	3 828	3 960
R^2	0.555	0.554	0.519	0.508	0.511	0.917	0.516

四、区域异质性检验

我国在经济发展水平、产业结构、资源禀赋、政策支持力度等方面各有差异。前文已详尽验证了低碳城市建设能够提升绿色城镇化发展水平,为进一步探究城市所在区位、规模和资源禀赋是否对于绿色城镇化发展水平产生影响,在下文的异质性分析中,将研究引入低碳城市试点政策后,比较不同区域、规模和资源禀赋的城市对绿色城镇化发展水平作用的差异。为避免分组检验导致样本数量减少,进而作用于回归结果出现偏差等问题,故引入影响因素($factor_{it}$)与低碳城市试点政策(DID_{it})的交互项进行检验。

(一)城市区位异质性分析

由于改革开放初期不同地区的经济和社会发展水平存在明显差异。这种城市区位发展不平衡状况导致低碳试点城市建设在不同地区对绿色城镇化发展产生不同的影响。研究根据国家统计局印发的《统计用区划代码和城乡划分代码编制规则》(国统字〔2009〕91号)编制公布的标准,将264个地级及以上城市划分为东部、中部和西部,并将进行回归检验,回归结果见表9。由表9可知,东部城市回归系数显著(0.488)最大,中部城市回归系数显著(0.082)较小,西部城市回归系数不显著。研究认为可能的原因在于,东部地区通常是国家经济发展的主要引擎,具有更先进的产业结构和更强的经济活力,能够为低碳城市建设提供更多的资源。因此,回归系数最大。而中部城市经济发展相对较为平缓,资源配置以及政策执行力度相对较小,进而制约了低碳城市建设的规模和效果。因此,系数显著性较小。西部地区经济基础较薄弱,缺乏先进的环境基础设施和相关技术支持,这可能限制了低碳城市建设对绿色城镇化发展的效果。

表9 区域异质性

变 量	东中西差异		
	东 部	中 部	西 部
$DID_{it} \times factor_{it}$	0.488* (1.935)	0.082** (2.040)	0.022 (0.516)
常数项	1.831** (2.156)	0.819*** (6.951)	0.845*** (6.713)
控制变量	YES	YES	YES
时间固定效应	YES	YES	YES
个体固定效应	YES	YES	YES
样本量	1 440	1 410	1 110
R^2	0.504	0.434	0.849

(二)城市规模异质性分析

考虑到低碳试点城市的选取并不是随机产生的,城市规模越大越有可能入选试点城市。研究将样本城市划分为小城市(Ⅱ型小城市和Ⅰ型小城市),大城市(Ⅱ型大城市、Ⅰ型大城市和超大城市),进一步评估城市规模异质性对绿色城镇化发展的影响,回归结果见表10。由表10回归结果可知,低碳试点政策在大城市中对于绿色城镇化发展水平的回归系数最大(0.550)且显著,中等城市和小城市不显著。可能的原因在于,大城市拥有更丰富的投资和技术资源,更强的政策推动,更高的公众环保意识,以及更成熟的城市规划和管理机制,通过相互学习和共享基础设施等方式实现技术扩散,促进绿色城镇化发展。对于中等城市来说,绿色城镇化发展所需要的技术创新能力和环境基础设施运行效率均不及大城市,导致绿色城镇化发展水平的提升不显著。而对于小城市来说,相较于城市长期的可持续发展,政府更容易将有限的生产资料投入到周期短、环境成本高、利润大的行业中。因此,暂时不能对绿色城镇化发展产生显著影响。

表 10 城市规模异质性和资源禀赋异质性

变量	城市规模异质性			资源禀赋异质性	
	大城市	中等城市	小城市	资源型	非资源型
$DID_{it} \times factor_{it}$	0.550** (2.247)	0.078 (1.498)	0.029 (0.762)	0.072 (1.327)	0.317** (2.237)
常数项	2.994* (1.890)	0.827*** (11.529)	0.773*** (8.172)	0.869*** (8.747)	1.919** (2.231)
控制变量	YES	YES	YES	YES	YES
时间固定效应	YES	YES	YES	YES	YES
个体固定效应	YES	YES	YES	YES	YES
样本量	1 230	1 620	1 110	1 575	2 385
R^2	0.490	0.366	0.798	0.365	0.529

(三) 资源禀赋异质性分析

鉴于低碳城市试点政策的实施成果可能与城市的资源依赖性有所关联,进一步考察在资源依赖程度不同的城市中,低碳城市建设如何影响绿色城镇化进程。研究将 264 个样本城市划为资源型城市和非资源型城市两种类型分别进行基准回归,结果见表 10。通过表 10 可知,资源型城市中低碳试点城市政策对于绿色城镇化发展水平的影响不显著,而非资源型城市中低碳城市试点政策对于绿色城镇化发展水平的影响显著为正。可能的原因在于,非资源型城市更依赖于环保和可持续的发展模式,并且由于没有资源开采带来的环境压力,能够更加聚焦于追求可持续发展和环保目标,在低碳城市政策推动下,绿色城镇化发展水平得到显著提升。而资源型城市的经济发展往往依赖于当地的自然资源,这意味着资源型城市为了谋求自身的经济增长极有可能会放松环境管控,并轻视技术创新在经济发展过程中的作用,导致资源型城市中低碳试点城市政策不能对绿色城镇化发展产生显著的积极影响。

五、作用机制检验

低碳城市建设对绿色城镇化的促进作用已在前文得到详细验证。研究进一步分析低碳城市建设对绿色城镇化的促进作用如何通过环境基础设施运行效率和绿色全要素生产率两条路径实现。并进一步验证理论假说 H2 和 H3。为检验这两个影响路径,分别将环境基础设施运行效率和绿色全要素生产率放入模型中进行中介效应检验。

(一)绿色全要素生产率

参照上述思路,检验低碳城市建设是否显著影响绿色全要素生产率,再进一步将低碳城市建设和绿色全要素生产率一同放入回归模型中,检验两者是否显著影响绿色城镇化发展水平。由表 11 模型(1)可知,在其他条件不变的前提下,低碳城市建设能够显著提升绿色全要素生产率。研究尝试解释可能的原因在于,低碳城市建设通过引入清洁能源、智能化设备、低碳交通等先进技术,提高生产过程的效率和资源利用效率,鼓励技术创新,推动绿色技术的研发及应用。同时,低碳城市建设倡导经济结构的转型升级,促进清洁能源、环保产业、低碳交通等绿色产业的发展。通过改善能源利用效率、减少排放和废弃物的产生,提高资源的利用效率。此外,有效的资源管理和利用能够降低生产成本,提高资源利用效率,进而促进绿色全要素生产率的提高。同时,低碳城市建设加强环境规制和生态保护,通过限制污染物排放、强化环境监管等措施,改善生态环境质量,为企业提供更良好的生产环境。良好的生态环境有助于提高企业的生产效率和创新能力,进而提升绿色全要素生产率。由表 11 模型(3)可知,低碳城市建设和绿色全要素生产率均能显著促进绿色城镇化发展。研究认为可能的原因在于,绿色全要素生产率的提高意味着在相同资源投入下能够获得更多的产出。通过改善资源配置并提升资源利用率,绿色全要素生产率提升可促使经济增长与资源消耗之间脱钩,减少对自然资源的过度开采,从而促进绿色城镇化发展。此外,绿色全要素生产率的提升促进技术创新与转型,技术创新的应用和推广可以改善生产过程的环境,提高资源利用效率,减少污染物的排放、改善空气和水质量等措施,创造更适宜居住和工作的城市环境。环境质量的改善将吸引更多的人才和资源流入城市,进而推动绿色城镇化发展。综合表 11 模型(1)和模型(3)的结果可知,低碳城市建设能够通过促进绿色全要素生产率的提升,进而促进绿色城镇化发展水平的提升。由回归结果可以得出低碳城市建设通过影响绿色全要素生产率进而影响绿色城镇化发展水平的间接效应为 0.049,前文理论假说部分得到验证。结合系数估计中介效应占比约为 19.2%(1.153 * 0.038/0.228),据此,假设 H2 得以验证。

(二)环境基础设施运行效率

为检验环境基础设施运行效率作为影响渠道的实际效应,首先验证低碳城市建设对环境基础设施运行效率的影响,如低碳城市建设能够显著促进环境基础设施运行效率,则进一步检验环境基础设施运行效率对绿色城镇化发展水平的影响。如果两者的估计系数均显著为正,则表明环境基础设施运行效率能够在低碳城市建设影响绿色城镇化发展水平中起间接作用,回归结果见表 11。

表 11 中介效应回归结果

变量	gtfp 模型(1)	lneieio 模型(2)	Greurb 模型(3)	Greurb 模型(4)
DID_{it}	1.153*** (10.822)	0.067*** (4.255)	0.228*** (3.816)	0.267*** (4.533)
gtfp			0.038*** (4.137)	
lneieio				0.077 (1.236)
常数项	0.062 (0.081)	0.349** (3.193)	0.948** (2.321)	0.923** (2.244)
控制变量	YES	YES	YES	YES
时间固定效应	YES	YES	YES	YES
个体固定效应	YES	YES	YES	YES
样本量	3 960	3 960	3 960	3 960
R^2	0.675	0.993	0.521	0.578

由表 11 模型（2）可知，低碳城市建设对环境基础设施运行效率具有正向影响且在 1% 的置信水平上显著，这一结果符合前文理论假设。研究尝试解释可能的原因在于，首先，低碳城市建设通过引入先进的环保技术和设备，推动废水处理厂、垃圾处理厂等环境基础设施的优化升级，降低资源消耗和排放物的排放量。其次，低碳城市建设推进可再生和清洁能源的广泛使用，改善能源基础设施的运行状态，降低能源浪费和环境污染，从而增强能源供应的持续性和高效性。最后，低碳城市建设通过推广电动汽车和建设充电桩网络，改善公共交通系统的效率和环保性，促进交通基础设施的绿色化和智能化发展。由表 11 模型（4）可知，当低碳城市试点政策和环境基础设施运行效率同时进行回归时，环境基础设施运行效率未能对绿色城镇化发展水平产生显著影响。根据检验规则，采用 bootstrap 法进行 1 000 次有放回随机抽样，得到间接效应系数为 0.005，Z 值为 1.791，且直接效应系数显著为正，大小为 0.267。通过 bootstrap 法得到的检验结果可知，环境基础设施运行效率能够对绿色城镇化发展具有正向的显著促进作用。产生正向促进作用原因可能在于，环境基础设施运行效率的提高带来技术创新和管理改进，有效减少污染物排放和释放，减少资源浪费和损失，实现资源高效利用。同时，通过采用先进的能源科技和优化能源基础设施，提高能源供应和利用的效率，减少对传统能源的依赖，推动可再生能源和清洁能源的应用，实现能源的可持续利用，为绿色城镇化提供了可持续的资源支持。结合系数估计中介效应占比约为 1.9%（0.067 * 0.077/0.267），由此假设 H3 成立。

六、结论及政策建议

（一）结论

基于第一，相较于非试点城市，低碳城市试点建设显著提高了试点城市的绿色城镇化发展水平，这一结论在一系列稳健性检验后依然成立；第二，低碳城市建设对绿色城镇化发展水平的促进作用主要集中在东部城市、大城市和非资源型城市，对中西部城市、中小城市和资源型城市的影响较小或不显著；第三，低碳城市建设通过提升城市环境基础设施运行效率和绿色全要素生产率对绿色城镇化发展水平的提升产生促进作用。

（二）政策建议

（1）深入总结低碳城市建设的成功经验，优化低碳城市试点政策，扩大试点政策覆盖范围。结论显示低碳城市试点政策对绿色城镇化有促进效应,因此应积极总结试点城市成功经验,提炼形成示范案例和典型做法,以期在更广范围内推广实施。同时应设立全面的低碳城市建设监测和评估机制,定期审查政策执行成效,及时识别并纠正问题,以优化政策与资源配置,确保低碳城市建设的可持续性与效益,进一步加快绿色城镇化的发展步伐。

(2)低碳城市建设应构建政府、企业与社会公众共同参与体系。政府应加强监督与指导,持续推进体制机制优化和调整;充分重视企业在低碳城市建设过程中发挥的作用,给予中小企业、民营企业更多的关注和帮扶,为有低碳创新意愿的中小民营企业提供资金和政策支持。同时引导公众和社会组织积极参与建设低碳城市,深入践行绿色低碳生活方式。社会共同参与是推动低碳城市建设、促进绿色城镇化发展的重要策略。

(3)尊重试点城市发展实际,制定差异化低碳城市建设策略,因地制宜推进区域绿色城镇化协调发展。明确不同地区发展定位和功能分工,根据各地区资源禀赋和优势产业,制定差异化的低碳城市建设和绿色城镇化发展政策与措施。鼓励不同地区进行合作,建立跨地区的合作机制,推动资源共享、信息交流和技术合作,实现优势互补和互利共赢,共同推进低碳城市建设和绿色城镇化发展。

(4)重视绿色全要素生产率与环境基础设施运行效率在低碳城市试点政策促进绿色城镇化过程中发挥的关键作用。应加大对绿色技术研发和创新的支持力度,推动企业向绿色发展转型,促进绿色全要素生产率提升;同时应增加对环境基础设施的投资,包括水处理设施、垃圾处理设施、清洁能源设施等,加强环境基础设施的管理与运维,包括定期检修、维护和更新设施,提高基础设施的效率和性能,从而提升城市的环境基础设施运行效率,推动城镇化绿色发展。

参考文献:

[1] 肖仁桥,马伯凡,钱丽等.低碳城市试点政策对企业绿色创新的影响及其作用机制[J].中国人口·资源与环境,2023,33(5):125-137.

[2] 张华.低碳城市试点政策能够降低碳排放吗?——来自准自然实验的证据[J].经济管理,2020,42(6):25-41.

[3] 赵彦云,陆香怡,王汶.低碳城市的CO_2与$PM_{2.5}$减排协同效应分析[J].中国环境科学,2023,43(1):465-476.

[4] 郭炳南,唐利,张浩.城市低碳治理对生态效率的影响——基于低碳城市试点政策的准自然实验[J].华东经济管理,2023,37(8):82-90.

[5] 宋弘,孙雅洁,陈登科.政府空气污染治理效应评估——来自中国"低碳城市"建设的经验研究[J].管理世界,2019,35(6):95-108+195.

[6] 刘伟明,喻煌,贾立江等.低碳城市建设提升了国民健康素养吗[J].当代财经,2022,456(11):16-26.

[7] 王亚飞,陶文清.低碳城市试点对城市绿色全要素生产率增长的影响及效应[J].中国人口·资源与环境,2021,31(6):78-89.

[8] 邓世成,吴玉鸣,东童童.低碳城市试点政策对城市绿色创新效率的影响——来自长三角地区的经验证据[J].城市发展研究,2023,30(3):40-48+89.

[9] 龚梦琪,刘海云,姜旭.中国低碳试点政策对外商直接投资的影响研究[J].中国人口·资源与环境,2019,29(6):50-57.

[10] 沙文兵,彭徐彬.低碳经济转型与企业出口产品质量:基于低碳城市试点的准自然实验[J].世界经济研究,2023,350(4):103-118,136.

[11] 王锋,葛星.低碳转型冲击就业吗——来自低碳城市试点的经验证据[J].中国工业经济,2022,410(5):81-99.

[12] 魏后凯,张燕.全面推进中国城镇化绿色转型的思路与举措[J].经济纵横,2011(9):15-19.

[13] 张泽义.环境污染、长江经济带绿色城镇化效率及其影响因素——基于综合城镇化视角[J].财经论丛,2018(2):3-10.

[14] 张东玲,范伟丽,陈景帅.农村产业融合、绿色城镇化与城乡均衡发展的协同效应——基于线性与非线性关系的实证分析[J].重庆社会科学,2021,318(5):53-70.

[15] 时朋飞,李星明,邓志伟.长江经济带绿色城镇化与旅游业互动协同关系研究[J].江淮论坛,2022,311(1):73-79.

[16] 张贡生.中国绿色城镇化:框架及路径选择[J].哈尔滨工业大学学报(社会科学版),2018,20(3):123-131,2.

[17] 张永生.基于生态文明推进中国绿色城镇化转型——中国环境与发展国际合作委员会专题政策研究报告[J].中国人口·资源与环境,2020,30(10):19-27.

[18] 臧传琴,孙鹏.低碳城市建设促进了地方绿色发展吗?——来自准自然实验的经验证据[J].财贸研究,2021,32(10):27-40.

[19] 龚星宇,姜凌,余进韬.不止于减碳:低碳城市建设与绿色经济增长[J].财经科学,2022,410(5):90-104.

[20] 曹翔,高瑀.低碳城市试点政策推动了城市居民绿色生活方式形成吗?[J].中国人口·资源与环境,2021,31(12):93-103.

[21] 李泽众,沈开艳.环境规制对中国新型城镇化水平的空间溢出效应研究[J].上海经济研究,2019,365(2):21-32.

[22] 何春,刘荣增.中国环境规制与城镇减贫效应研究[J].西南民族大学学报(人文社科版),2020,41(4):111-119.

[23] 郭建斌,陈富良.地方政府竞争、环境规制与城市群绿色发展[J].经济问题探索,2021,462(1):113-123.

[24] 贾亚娟,范子珺.环境规制对居民绿色低碳生活行为的影响——基于面子观念的调节效应[J].资源科学,2023,45(3):623-636.

[25] BECK T, LEVINE R, LEVKOV A. Big Bad Banks? The Winners and Losers from Bank Deregulation in the United States[J]. The Journal of Finance, 2010, 65(5):1637-1667.

[26] 温忠麟,张雷,侯杰泰,刘红云.中介效应检验程序及其应用[J].心理学报,2004(5):614-620.

[27] 杨飞虎,黄兴,陈佳丽.国家智慧城市试点政策能提升绿色城镇化水平吗?——基于中国276个城市准自然实验数据[J].东北财经大学学报,2023(4):75-87.

[28] 杨角.中国绿色城镇化发展水平评价及实现路径研究[D].西北大学,2020.

[29] 张军,吴桂英,张吉鹏.中国省际物质资本存量估算:1952—2000[J].经济研究,2004(10):35-44.

[30] 周亮,车磊,周成虎.中国城市绿色发展效率时空演变特征及影响因素[J].地理学报,2019,74(10):2027-2044.

[31] 潘笑菲,孙钰,崔寅,李向春.基于三阶段DEA的三大城市群环境基础设施运营效率研究[J].科技管理研究,2019,39(6):55-62.

[32] 张英浩,汪明峰,崔璐明,匡爱平.数字经济水平对中国市域绿色全要素生产率的影响[J].经济地理,2022,42(9):33-42.

[33] 丁焕峰,孙小哲,王露.创新型城市试点改善了城市环境吗?[J].产业经济研究,2021(2):101-113.

[34] 欧阳晓灵,张骏豪,杜刚.环境规制与城市绿色技术创新:影响机制与空间效应[J].中国管理科学,2022,30(12):141-151.

[35] 谢申祥,范鹏飞,宛圆渊.传统PSM-DID模型的改进与应用[J].统计研究,2021,38(2):146-160.

 点评

论文采用双重差分法探究低碳城市试点政策对绿色城镇化的影响及其机制,具有重要的现实意义和学术价值。从学术规范写作的角度来看,文章表现出色,结构清晰,逻辑严谨,符合高质量学术论文的标准。文章在引言部分详细阐述了研究背景和研究问题,对既有研究进行了系统梳理,明确了研究的重点。在理论机制部分,作者详细分析了低碳城市建设对绿色城镇化的影响路径,为实证分析提供了坚实的理论基础。实证部分,作者采用2006—2020年中国264个城市的面板数据,通过平行趋势检验、PSM-DID检验、安慰剂检验等多种方法验证了低碳城市建设对绿色城镇化发展的促进作用,同时探讨了其异质性和作用机制。这一过程体现了作者严谨的实证分析能力和对数据处理的精细把控。

在写作上,文章语言流畅,术语使用准确,图表清晰,数据来源和处理方法交代清楚,符合学术规范。

数字普惠金融与家庭消费碳排放

——基于中国家庭金融调查数据的实证分析

蒋青松[*]

摘要：基于中国家庭金融调查(CHFS) 2015、2017、2019 年三期数据，在测度家庭消费碳排放的基础上，构建了数字普惠金融影响家庭消费碳排放的理论框架。得出如下结论：第一，数字普惠金融及其子维度对家庭消费碳排放存在显著的促进作用；第二，异质性分析表明数字普惠金融对家庭消费碳排放的促进作用在中西部地区、中低受教育水平受访者及男性群体更加显著；第三，影响路径分析表明，数字普惠金融能通过增加家庭收入、资产与缓解流动性约束来增加家庭消费碳排放。第四，居民金融素养与家庭消费结构升级在数字普惠金融影响家庭消费碳排放中分别起着负向与正向的调节作用。因此，要大力推动数字普惠金融与"绿色消费""低碳消费"相结合，改变家庭消费观念和转变消费模式，从而实现微观家庭层面的碳减排目标。

关键词：数字普惠金融；消费碳排放；流动性约束；金融素养；消费结构升级

引言

2020 年中国提出了以国内大循环为主体、国内国际双循环相互促进的"双循环"新发展战略，强调消费对经济增长的拉动作用。因此，随着"双循环"战略对居民消费的刺激作用不断显现，中国居民的消费潜力必将进一步被激发[1]。与此同时，家庭消费支出增长对环境的负面影响也将逐步显现，家庭消费碳排放

---

[*] 蒋青松，男，重庆工商大学金融学院 2021 级硕士研究生，研究方向为数字普惠金融。

的增加对中国"双碳"目标的实现又是不利的,所以扩大消费促进经济稳定增长与实现碳减排的目标可能会存在一定的矛盾[2]。因此分析家庭消费碳排放的形成因素并找到降低消费碳排放的有效措施,实现"双循环"战略与"双碳"目标的协调发展就十分重要了。与此同时,随着数字普惠金融不断发展,其对经济社会的各个方面都产生了巨大的影响。比如促进经济增长、提升农村居民收入、缩小城乡收入差距、缓解企业融资约束等。现有研究对数字普惠金融对家庭消费的研究较多,主要是从提升家庭收入与社会保障水平[3]、提高信贷供给[4]、提升支付便利性[5]等方面来分析数字普惠金融对家庭消费的促进作用。数字普惠金融的发展在促进居民消费增长的同时会对家庭消费碳排放也产生显著影响。此外,数字普惠金融对宏观层面及制造业层面的碳减排效应也都得到了学者的证实[6]。因此,研究探讨数字普惠金融与家庭消费碳排放之间的关系就显得很有必要了。

而数字普惠金融究竟是会将生产端的碳减排效应延续至消费端,实现对家庭消费碳排放的减少,还是会通过促进居民消费的"扩容提质"来进一步增加家庭消费碳排放呢?这便是本研究需要回答的问题。

一、理论分析与假设提出

(一)数字普惠金融对家庭消费碳排放的直接影响

第一,在数字经济时代,数字普惠金融的发展畅通了生产端与消费端的对接路径,使得厂商生产的产品能够满足消费者的多样化需求。数字技术的运用缩短了消费者和生产者之间信息交流时间并提升信息交流准确性,缓解消费端与生产端信息分割的矛盾[7]。缩短了生产和消费之间的距离和时间,有助于实现供给与需求的快速匹配和均衡[8]。有助于企业及时把握消费者需求的动态变化,不断满足消费者日益多样化的消费需求,从而使得家庭消费碳排放增加。

第二,数字金融能够基于支付手段的变革和消费时空"壁垒"的打破来降低购物成本和支付难度,同时有助于改善消费服务体验和创新服务需求。一方面,数字支付降低了交易成本,打破时空上的消费阻碍,改变人们的消费方式,增加消费选择,降低了消费门槛;另一方面,移动支付方式具备借贷功能和心理账户属性,能够降低消费者支付疼痛感,提升消费愉悦感,从而有利于刺激消费,显著提升消费者线下消费金额、消费频率[9]。因为相比于现金支付,使用移动支付方式的消费者感知零售商整体价格水平较低,具有更高的支付意愿。互联网的过度使用容易造成家庭成员的非自律购买,造成资源的浪费与非必要的损失,从而增加家庭碳排放量[10]。因此,提出如下假设:

假设1:数字普惠金融会增加家庭消费碳排放。

(二)数字普惠金融对家庭消费碳排放的影响路径分析

1. 收入端影响路径分析

数字金融发展,尤其是使用深度的提升,有利于提升家庭相对收入水平、降低脆弱性,并改变家庭收入结构[11]。数字普惠金融的发展,使得在线教育更加便利,促进了教育资源的优化配置与均等化发展,有利于全面提高人力资本水平,而随着人力资本的积累,优质劳动力会进行选择性转移形成非农就业,以增加工资性收入[12]。而移动支付则便利了家庭的创业和生产经营,提高了家庭创业的概率,也有利于提高经营效益[13]。此外数字金融的快速发展还拓展了居民的理财渠道,能够更好地满足弱势群体对信贷、保险、投融资等多样化金融的需求,增加居民的财产性收入。进而使得财产性收入成为意外收入中最主要的部分[14]。收入和消费在与碳排放有关的家庭活动中都发挥着重要作用,因此不可忽视。各类收入的增长往往会促进消费的增长,消费规模的扩张则会导致家庭消费碳排放的进一步增长。

假设2:数字普惠金融能通过增加家庭收入来促进消费碳排放的增长。

2. 资产端影响路径分析

家庭财富总量对消费碳排放的影响将会呈现出更为持久的影响。不同家庭资产结构对消费倾向存在不同的影响,家庭流动性较高的资产占比提升有助于提高家庭的平均消费倾向[15—16]。金融资产占总资产比重越大的家庭消费越多,其中风险金融资产占比越大的家庭消费越多[17]。数字普惠金融的发展使得居民的金融素养增加,相应的获取金融知识的能力增加,因此会积极合理地参与金融资产的投资,一方面这些资产的流动性较强,用于消费将会更加方便。另一方面,风险金融资产的收益又是较高的,因此会使得家庭的财产性收入增加,因此这部分收益用于消费的部分会更多,因此家庭会产生更多的消费碳排放。由此提出如下假设:

假设3:数字普惠金融能通过增加家庭资产来实现对消费碳排放的增长。

3. 流动性约束影响路径分析

一方面,数字普惠金融的发展会缓解居民的正规金融约束。借助于数字化的发展,对物理网点的依赖下降[18],因而银行等提供的正规金融的成本下降,从而降低居民借贷的成本。此外依托大数据、云计算和区块链等新型技术,商业银行积累大量客户信息,并且运用这些信息精准地提供金融产品和服务,从而大幅改善了家庭正规信贷服务的可得性和便利性[19],增加了消费性正规信贷需求概率。另一方面,数字普惠金融还可以缓解居民的非正规金融约束。而数字金融的发展也会使得信息不对称程度下降,降低了居民的融资门槛,增强了非正规金融的可得性,有效解决了居民融资难的问题[20]。农村居民与城市低收入群体能够通过网络更便利地进行借贷,尤其是网络小额信贷等丰富多样的金融借贷的出现,使得越来越多的居民可以通过互联网信贷这一方式来有效地平滑消费。因而有助于缓解家庭消费信贷约束,释放家庭消费活力[21]。促进居民消费的迅速增长,从而促使家庭消费碳排放规模进一步上升。

假设4:数字普惠金融能通过缓解家庭面临的流动性约束来增加消费碳排放。

(三)数字普惠金融对家庭消费碳排放影响的进一步分析

1. 居民金融素养与家庭消费结构升级的调节效应分析

随着居民金融素养的提高,一方面会使得其对金融资产尤其是风险金融资产的投入增加,进而使得家庭的财产性收入增加,有助于家庭总资产增加,从而会使得家庭更有能力增强对低碳产品的购买。此外,高收入、高资产家庭收入高,消费也较高,但是其单个家庭的消费支出增速始终是有限的,因而其家庭消费支出会呈现边际递减的趋势,并最终促进消费碳排放的增长也趋于下降。另一方面,随着居民的金融素养不断提高,数字普惠金融的绿色属性会不断发挥作用,公众的环境意识得到提高,刺激消费低碳产品,生活向低碳生活方式转变。从而最终有助于降低家庭消费碳排放量的增速,最终达到碳减排的目标。而在收入增长与收入差距缩小带来的包容性增长的影响下[22],居民消费潜力会得到进一步释放,这一方面会增加家庭总消费支出,另一方面居民对发展与享受型消费产品的需求也会更大,从而推动居民消费结构的升级,由此会使得数字普惠金融对家庭消费碳排放的促进作用进一步增强。由此提出如下假设:

假设5:居民金融素养在数字普惠金融促进家庭碳排放增长中起着负向的调节作用。

假设6:家庭消费结构升级在数字普惠金融促进家庭消费碳排放增长中起着正向的调节作用。

2. 数字普惠金融对城乡消费碳排放差距的影响

数字普惠金融显著提升了家庭收入,且对农村居民的影响较大,使得农村居民从数字金融中获得更多,展现了包容性的特征[23],因而有助于缩小城乡收入差距。而城乡收入差距的缩小对消费差距有显著的正向作用[24]。因为增加消费主要是依靠收入的增长[25],收入增长的涓滴效应是中国消费的内生动力,在涓滴效应的作用下,中等收入群体逐渐形成和壮大,有利于推动家庭消费品的结构升级[26]。因此,在数字普惠金融缩小城乡收入差距的积极影响下,农村居民消费支出也会随收入差距的缩小进一步的增长,从而有助于缩小城乡消费差距。城乡消费差距的进一步缩小必然会使得农村家庭消费支出增长与消费结构升级,从而增加农村家庭消费碳排放量,缩小城乡家庭的消费碳排放差距。基于上述分析,提出如下假设:

假设7:数字普惠金融能够缩小城乡家庭消费碳排放差距。

二、模型设定、数据来源与变量选择

(一)模型设定

本研究所用数据为 CHFS2015、2017、2019 三期数据,为有效评价数字普惠金融发展对家庭消费碳排放的影响,从混合回归、固定效应模型或随机效应模型中进行选择。首先,通过 F 检验(P 值为 0.0000)可知固定效应明显优于混合回归。其次,进一步通过豪斯曼检验(P 值为 0.0000)验证了固定效应模型比随机效应模型更优。基于此,结合前文的理论分析,将通过构建固定效应模型来探讨数字普惠金融对家庭间接碳排放的影响。此外,考虑到"不受个体而异,但随时间而变"的遗漏变量问题,同时将个体和时间固定效应引入模型,即采用双向固定效应模型进行实证分析。同时为了减少异方差的影响,所有回归结果都是加入了稳健标准误。

$$HCCE_{i,t} = a_0 + a_1 Difi_{i,t} + a_2 individual_{i,t} + a_3 family_{i,t} + \mu_i + \mu_t + \in_{i,t} \quad (1)$$

其中,$HCCE_{i,t}$ 表示第 i 个家庭第 t 年的消费碳排放量,$Difi_{i,t}$ 表示第 i 个家庭第 t 年的数字普惠金融发展程度,用家庭所在县域的数字普惠金融发展程度来衡量。$individual_{i,t}$ 表示第 i 个家庭第 t 年的个体层面控制变量,包括年龄(age)、性别(gender)、婚姻状况(spouse)、健康状况(health)、受教育年限

(education)等5个控制变量。$family_{i,t}$表示第i个家庭第t年的家庭层面控制变量,包括受访家庭城乡类别(urban)、家庭工商业生产经营情况(business)、家庭房产数量(house)、家庭人口规模(size)、少儿抚养比(young)、老年抚养比(old)等6个控制变量。μ_i为个体固定效应,μ_t为时间固定效应,$\in_{i,t}$为随机误差项。

(二)数据来源

研究的主要数据来源由两个部分组成,首先是各类消费碳排放相关系数的数据来源,各行业的碳排放总量数据来源于中国碳排放数据库(CEADS),各行业细分产值来源于《中国统计年鉴》《中国工业统计年鉴》;其次是家庭消费碳排放涉及的家庭各类消费支出以及其他与家庭特征相关的数据均来源于中国家庭金融调查(CHFS)2015、2017、2019年三期数据。最后是县域层面的数据来源,数字普惠金融指数来源于北京大学数字金融研究中心和蚂蚁科技集团研究院编制的"北京大学数字普惠金融指数"。

(三)变量选择

1. 被解释变量

核心解释变量为家庭消费碳排放量(household consumption carbon emissions, HCCE)。主要包括由食品、衣着、居住、家庭设备用品及服务、交通通信、教育文化娱乐、医疗保健及其他等居民家庭八类消费支出所产生的碳排放。因此综合运用微观家庭八类消费支出金额与各类消费支出对应行业的碳排放系数,采用消费者生活方式方法来测度家庭消费碳排放量,具体计算公式如下所示:

$$HCCE_{i,t} = \sum_{n=1}^{8} consume_{i,t,n} \times CI_{t,n}$$

其中,$HCCE_{i,t}$表示家庭i在第t年的消费碳排放总量(kg),$consume_{i,n,t}$表示家庭i在第t年的n类消费支出(元);$CI_{t,n}$表示第t年n类消费支出的碳排放系数(元/kg)。家庭各类消费支出的数额来源于CHFS微观数据库,家庭各类消费支出的碳排放系数则运用投入产出法计算得出。

2. 核心解释变量

核心解释变量为数字普惠金融指数(DIFI),由北京大学数字金融研究中心和蚂蚁科技集团研究院共同编制。此外,为了进一步分析数字普惠金融子维度对经济高质量发展的影响,还使用了覆盖广度(breadth)、使用深度(depth)、数字化程度(digital)这3个数字普惠金融指数的一级维度指标,数字普惠金融的详细构成见郭峰等[27]文章。由于 CHFS 调查问卷里询问的是受访家庭上一个年度的家庭相关金融情况,因此研究运用的 CHFS2015、2017、2019 三期数据反映的是受访家庭 2014、2016、2018 年的相关经济情况,将 2014、2016、2018 年的县域层面的数字普惠指数与 CHFS2015、2017、2019 年的数据进行匹配。同时为减小数字普惠金融数值过大对回归结果产生的影响,还对数字普惠金融及其子维度均采取除以 100 的方法进行处理。

3. 控制变量

参考胡宁宁和侯冠宇的文章[28],从个体和家庭两个层面提取控制变量,对影响家庭消费碳排放的其他因素进行控制。

① 个体层面的控制变量包括:受访者年龄、性别、婚姻状况、健康状况、受教育年限;② 家庭层面的控制变量包括:受访家庭城乡类别、家庭是否从事工商业生产经营、家庭房产数量、家庭人口规模、少儿抚养比、老年抚养比。各变量相关含义解释详见表1。

表 1 相关变量含义解释

变 量	变 量 名 称	变 量 含 义
被解释变量	家庭消费碳排放(HCCE)	家庭各类消费支出碳排放的总和
核心解释变量	数字普惠金融指数(DIFI)	北京大学数字普惠金融总指数
个体层面控制变量	年龄(age)	受访者年龄(岁)
	性别(gender)	女性赋值为 0,男性赋值为 1
	婚姻状况(spouse)	无配偶(未婚、离婚与丧偶)赋值为 0,有配偶(已婚、同居、分居)赋值为 1
	健康状况(health)	不健康(身体不好、非常不好)赋值为 0,健康(身体非常好、好、一般)赋值为 1
	受教育年限(education)	没上过学赋值为 0,小学赋值为 6,初中赋值为 9,高中、中专、职高赋值为 12,大专、高职赋值 15,大学本科赋值为 16,硕士研究生赋值为 19(年)

续表

变量	变量名称	变量含义
家庭层面控制变量	家庭工商业生产经营情况(business)	未从事工商业经营赋值为0,从事赋值为1
	受访家庭城乡类别(urban)	受访家庭位于乡村赋值为0,位于城镇赋值为1
	家庭人口规模(size)	家庭总人口数(人)
	少儿抚养比(young)	家庭未成年人数/家庭总人口数
	老年抚养比(old)	家庭老年人数/家庭总人口数
	家庭房产数量(house)	受访家庭拥有的住房数量(套)

三、实证分析

(一)基准回归

表2为数字普惠金融影响家庭消费碳排放的基准回归。第(1)列为数字普惠金融对家庭消费碳排放的回归结果,由回归结果可知,数字普惠金融对家庭消费碳排放的回归系数在1%的水平上为0.444 2,表明数字普惠金融的发展会促进家庭消费碳排放的增长,数字普惠金融指数每增加1%,家庭消费碳排放就会增加0.444 2%。一方面,数字普惠金融的发展通过增加就业、拓展居民理财渠道等方式提高了居民的收入,夯实了居民消费的基础。另一方面,数字普惠金融发展下,小额信贷的出现有效地缓解了居民面临的流动性约束,有效平滑了居民的消费,最终促成了家庭消费碳排放的增长。

第(2)—(4)列则分别为数字普惠金融覆盖广度、使用深度与数字化程度对家庭消费碳排放的回归结果。可知,使用深度与数字化程度的回归系数分别在5%、1%的水平上为0.264 1、0.363 3,而覆盖广度的回归系数虽然为正,但是却不显著。表明数字普惠金融对家庭消费碳排放的促进作用主要来源于使用深度与数字化程度。且数字化程度对家庭消费碳排放的促进作用要大于使用深度,这可能是因为随着数字普惠金融的发展,家庭数字接入基础设施不断完善,居民数字素养不断提高,由此使得居民面临的数字鸿沟不断缩小,使得数字支付更加便捷,由此对消费产生了更大的促进作用,进而会增加家庭消费碳排放。而数字普惠金融的深入使用离不开数字化程度的提高,因此使用深度对家庭消费碳排放的促进作用就要小于数字化程度。

表2 基 准 回 归

	(1) HCCE	(2) HCCE	(3) HCCE	(4) HCCE
DIFI	0.444 2*** (0.124 8)			
breadth		0.061 6 (0.072 7)		
depth			0.264 1** (0.112 4)	
digital				0.363 3*** (0.058 8)
age	-0.007 9** (0.003 1)	-0.008 0** (0.003 1)	-0.008 1*** (0.003 1)	-0.007 9** (0.003 1)
gender	0.075 1** (0.030 0)	0.076 6** (0.030 1)	0.076 7** (0.030 0)	0.076 0** (0.030 1)
education	0.004 5 (0.004 4)	0.004 4 (0.004 4)	0.004 3 (0.004 4)	0.004 4 (0.004 4)
spouse	0.023 1 (0.051 6)	0.022 5 (0.051 5)	0.022 4 (0.051 6)	0.025 4 (0.051 2)
health	0.040 7* (0.023 1)	0.040 1* (0.023 1)	0.041 7* (0.023 2)	0.036 1 (0.023 1)
business	0.137 2*** (0.031 7)	0.139 7*** (0.031 7)	0.140 0*** (0.031 7)	0.144 9*** (0.031 6)
urban	-0.150 9 (0.110 6)	-0.149 9 (0.111 4)	-0.149 3 (0.111 2)	-0.198 7* (0.111 6)

续表

	（1） HCCE	（2） HCCE	（3） HCCE	（4） HCCE
size	0.058 3*** (0.006 6)	0.058 0*** (0.006 6)	0.058 0*** (0.006 6)	0.058 2*** (0.006 6)
young	−0.163 3 (0.143 5)	−0.158 7 (0.143 7)	−0.153 3 (0.143 7)	−0.156 0 (0.143 1)
old	−0.342 6*** (0.092 2)	−0.344 5*** (0.092 2)	−0.342 1*** (0.092 3)	−0.346 5*** (0.091 9)
house	0.122 4*** (0.020 9)	0.122 7*** (0.020 9)	0.121 8*** (0.020 8)	0.122 6*** (0.020 8)
_cons	8.080 2*** (0.197 4)	8.275 0*** (0.191 4)	8.159 0*** (0.196 7)	8.188 0*** (0.188 2)
个体固定	YES	YES	YES	YES
时间固定	YES	YES	YES	YES
N	16 508	16 508	16 508	16 508
R−sq	0.156 8	0.155 4	0.155 9	0.159 7

注：括号中为稳健标准误，*、**、***分别表示回归系数在10%、5%、1%的水平上显著，限于篇幅后文均未列出控制变量回归结果，下同。

（二）数字普惠金融对不同类型消费碳排放的影响

在基准回归中，分析了数字金融对家庭总消费碳排放量的影响，但是家庭总的消费碳排放量是由八类消费支出构成的，为探明数字金融对不同类型的消费碳排放存在多大的差异，因此参考刘斌等对家庭消费支出的分类[29]，将居民家庭消费碳排放分为家庭生存型消费碳排放（Lnsc）、家庭发展与享受型消费碳排放（Lnfz）两类；家庭生存型消费碳排放包括衣着、食品和居住等消费支出产生的碳排放，家庭发展与享受型消费碳排放包括家庭设备及服务、交通和通信、文教娱乐用品及服务、医疗保健和其他商品及服务等消费支出产生的碳排放。对家庭生存型消费碳排放、家庭发展与享乐型消费碳排放都进行了取对数处理。

表3为数字普惠金融对不同类型消费碳排放的回归结果。由回归结果可

知,数字普惠金融对家庭生存型消费碳排放的回归系数在1%的水平上为0.6641;数字普惠金融对家庭发展、享受型消费碳排放的回归系数为0.1326,但是不显著。由此可知,数字普惠金融对家庭生存型消费碳排放的促进作用更大。可能的原因是随着数字普惠金融的不断发展,极大地推动了社会的进步,居民家庭的收入也得到了增长,居民的消费潜力得到了极大的释放,对于生活品质的追求也更高,因此居民在食品与居住上面的支出迅速增加,从而使得家庭在食品与居住方面的消费碳排放不断提高。

表3 数字普惠金融对不同类型消费碳排放的影响

	生存型消费碳排放	发展、享受型消费碳排放
	(1) Lnsc	(1) Lnfz
DIFI	0.6641*** (0.1444)	0.1326 (0.1425)
controls	YES	YES
_cons	7.4398*** (0.2219)	6.6989*** (0.2515)
个体固定	YES	YES
时间固定	YES	YES
N	16508	16508
R-sq	0.1915	0.0819

(三)内生性检验

内生性的出现主要是由两个方面的因素造成的,一方面是互为因果造成的影响。数字普惠金融的发展会对居民的收入、消费产生重要的影响,进而会对居民的消费碳排放产生影响,但是居民消费碳排放也可能会对数字普惠金融的发展产生影响,因为一个家庭、地区消费碳排放的增加表明此地区居民消费支出是较高的,表明收入也是可观的,表明这一地区的经济发展水平也较高。另一方面则是由遗漏变量造成的影响,虽然研究从个体以及家庭层面选择了较多的控制变量,但是为减小多重共线性对分析结果造成的影响,可能出现因遗漏变量所造成的结果偏误,所以研究接下来运用工具变量法来解决模型可能存在的内生性问题。

参考 Bartik 的文章[30],本文构建 bartik iv 这一工具变量,用数字普惠金融指数的滞后一阶(L.DIFI)与数字普惠金融在全国层面的一阶差分(D.DIFI)的乘积来构建工具变量。对于工具变量的选择,是基于以下考虑:首先,无论是滞后一阶的指数还是将指数进行差分都与数字普惠金融指数发展密切相关,因此满足相关性;其次,由于数字普惠金融指数的统计口径来自全国 2 800 多个县域,因此某一个县域层面的消费碳排放情况不会对该指数产生明显影响,即全国层面的数字普惠金融指数的变化对具体某个县而言是相对外生的,满足排他性要求。此外,还参考李晓钟等的文章[31]。采取如下步骤来进行工具变量回归分析:① 将核心解释变量由数字普惠金融指数替换为数字普惠金融的滞后一阶来进行回归分析;② 用数字普惠金融的滞后一阶(L.DIFI)①来做工具变量;③ 用数字普惠金融的滞后一阶与数字普惠金融在全国层面的一阶差分的乘积(L.DIFI×D.DIFI)来构建工具变量。

内生性回归结果如表 4 所示。第(1)列为数字普惠金融滞后一阶对家庭消费碳排放的回归结果,第(2)—(3)列为数字普惠金融滞后一阶作为工具变量的回归结果。第(4)—(5)列为数字普惠金融滞后一阶与一阶差分作为工具变量的回归结果。由第(1)列的回归结果可知,数字普惠金融指数滞后一阶的回归系数在 1% 的水平为 0.674 3,表明数字普惠金融滞后一阶对家庭消费碳排放依然存在显著的促进作用。

表 4 内生性回归结果

	IV = L.DIFI			IV = L.DIFI × D.DIFI	
	(1) HCCE	(2) DIFI	(3) HCCE	(4) DIFI	(5) HCCE
DIFI			1.742 1*** (0.216 2)		1.726 2*** (0.210 4)

---

① 由于本文运用的数据为 CHFS2015、2017、2019 年三期数据,反映的是受访家庭在 2014、2016、2018 年的相关经济情况,因此滞后一阶的数字普惠金融指数为 2013、2015、2017 年的数据,但是由于数字普惠金融县域层面的数据是从 2014 年才开始统计的,因此本文在进行工具变量回归时只涉及 CHFS2017、2019 年两期数据,所以工具变量的回归样本相较于基准回归有所减少。

续表

	IV = L.DIFI			IV = L.DIFI × D.DIFI	
	(1) HCCE	(2) DIFI	(3) HCCE	(4) DIFI	(5) HCCE
L.DIFI	0.674 3*** (0.083 8)	0.387 1*** (0.009 0)			
L.DIFI × D.DIFI				0.979 6*** (0.022 2)	
controls	YES	YES	YES	YES	YES
_cons	7.564 2*** (0.104 3)	0.733 8*** (0.009 4)	6.550 0*** (0.274 1)	0.725 5*** (0.009 4)	6.569 6*** (0.267 3)
个体固定	YES	YES	YES	YES	YES
时间固定	YES	YES	YES	YES	YES
N	9 634	9 634	9 634	9 634	9 634
$R-sq$	0.462 1	0.851 5	0.463 7	0.855 2	0.463 8

由第（2）—（3）列的回归结果可知，当数字普惠金融指数滞后一阶为工具变量时，其对内生变量数字普惠金融的回归系数在1%的水平上为0.387 1，表明工具变量与内生变量正相关，满足了工具变量的相关性要求。而且在加入了工具变量后，数字普惠金融的回归系数在1%的水平上为1.742 1，表明数字普惠金融仍然对家庭消费碳排放存在显著的促进作用。

由第（4）—（5）列的回归结果可知，当数字普惠金融指数滞后一阶与一阶差分的交互项为工具变量时，其对数字普惠金融的回归系数在1%的水平上为0.979 6，表明工具变量与内生变量正相关，满足了工具变量的相关性要求。而且在加入了工具变量后，数字普惠金融对家庭消费碳排放的系数在1%的显著性水平上为1.726 2。表明数字普惠金融对家庭消费碳排放依然存在显著的促进作用。由此可知，在解决内生性问题后，数字普惠金融对家庭消费碳排放依然存在显著的促进作用，且促进作用更大。

（四）稳健性检验

为检验文章基准回归结果是否稳健，采取以下四种方法来进行稳健性检验。

(1) 替换被解释变量：将被解释变量由家庭消费碳排放替换为家庭人均消费碳排放(HACCE)。

(2) 改变回归样本量：在基准回归中，运用的是 CHFS2015、2017、2019 的三期非平衡样本。由于在非平衡样本中，一部分样本是只存在一期或两期数据，因此可能会对本文的最终回归结果产生影响，因此只保留在 CHFS2015、2017、2019 这三期调查中都出现过的样本家庭，构建三期平衡样本来重新进行回归分析。

(3) 增加控制变量：考虑到基准回归中加入的影响家庭消费碳排放的控制变量有限，可能会使得最终的回归结果产生偏误，因此再次加入受访者有无医疗保险(insurance)这一控制变量①。医疗保险的购买会使得家庭面临的不确定性下降，进而增加家庭消费，促进家庭消费碳排放增长。

(4) 更换工具变量为球面距离：关于工具变量的选取，除所采用的 bartik iv 外，许多学者也用球面距离来作为工具变量。关于球面距离的选取，有学者认为家庭离杭州的球面距离越近，数字普惠金融的发展程度就会越高，因此许多学者选取家庭到杭州的球面距离与除家庭所在地区外的数字普惠金融指数均值的乘积来作为工具变量，但是张勋等也指出家庭所在地区与杭州的球面距离，其与数字金融的发展之间的相关性不一定很高，因为并不一定离杭州越近，数字金融的发展程度就越好[32]。而省会通常是一个省份的经济中心，也应是数字金融发展中心，距离省会城市越近，数字金融的发展也应越好。此外处于省份边缘地区的家庭也可能会受到附近省份省会数字普惠金融发展的影响，离附近省份省会较近，数字普惠金融的发展程度也会越高，因此，选用家庭所在地区到所属省份省会与最近省份省会的平均球面距离作为工具变量，由于球面距离只是一个截面数据，无法进行工具变量二阶段回归，因此用平均球面距离(distance)与除家庭所在省份外的数字普惠金融指数均值(mean)的乘积来作为工具变量。由于球面距离的数值较大，因此对球面距离做了取对数处理。此外，由于数字普惠金融及其子维度在前面的回归中均进行了除以 100 的处理，因此对于除家庭所在省份外的数字普惠金融指数均值也做了除以 100 的处理。

---

① 受访者有任何一种形式的医疗保险即视为有医疗保险，赋值为 1，反之赋值为 0。此外，为了降低多重共线性对回归结果的影响，本文在进行回归分析前进行了多重共线性检验，检验结果显示，方差膨胀因子，最大的 VIF 为 2.16，平均 VIF 为 1.38，因此不存在多重共线性。由于部分样本的社会医疗保险情况存在缺失，所以增加控制变量后的回归样本相较于基准回归的样本有所减少。

稳健性回归结果如表5所示,由第(1)列的回归结果可知,在将被解释变量替换为家庭人均消费碳排放后,数字普惠金融的回归系数依然显著,表明数字普惠金融对家庭人均消费碳排放也存在显著的促进作用。由第(2)列的回归结果可知,在三期平衡样本的情况下,数字普惠金融对家庭消费碳排放依然存在显著的促进作用。由第(3)列的回归结果可知,在加入控制变量后,数字普惠金融的系数依然在1%的水平上为正。由(4)—(5)列的回归结果可知工具变量(distance × mean)与数字普惠金融负相关,表明家庭所在地区离省会越远,数字普惠金融的发展水平就会越低,而在加入工具变量后,数字普惠金融的回归系数在1%的水平上为1.657 5,表明数字普惠金融对于家庭消费碳排放依然存在显著的促进作用。经过以上四种稳健性方法的检验,数字普惠金融的回归系数依然显著,表明基准回归结果是稳健的。

表5 稳健性回归结果

	替换被解释变量	三期平衡面板	增加控制变量	IV=球面距离	
	(1) HACCE	(2) HCCE	(3) HCCE	(4) DIFI	(5) HCCE
DIFI	0.387 4*** (0.124 9)	0.347 4** (0.165 5)	0.441 2*** (0.134 3)		1.657 5*** (0.176 9)
distance × mean				−0.012 1*** (0.000 2)	
controls	YES	YES	YES	YES	YES
_cons	7.768 4*** (0.195 5)	8.045 3*** (0.271 9)	7.992 4*** (0.203 7)	0.680 4*** (0.006 7)	7.106 5*** (0.127 3)
个体固定	YES	YES	YES	YES	YES
时间固定	YES	YES	YES	YES	YES
N	16 508	6 834	16 024	16 419	16 419
R−sq	0.254 0	0.135 1	0.164 6	0.918 6	0.386 6

注:由于部分样本的球面距离存在缺失,因此更换工具变量后的回归样本相较于基准回归样本有所减少。

(五) 异质性检验

1. 地区异质性检验

中国幅员辽阔,不同地区的数字普惠金融发展程度也不尽相同,因此数字普惠金融对不同区域家庭消费碳排放的影响也会存在差别,因此将研究样本分为东、中、西、东北四大区域分别进行回归分析,以探究数字普惠金融对不同地区家庭消费碳排放的差异性影响。地区异质性回归结果如表6所示。由第(1)列的回归结果可知,在东部地区,数字普惠金融对家庭消费碳排放的回归系数为-0.2557,但是不显著;由第(2)列的回归结果可知,在中部地区,数字普惠金融对家庭消费碳排放的回归系数在1%的水平上为1.0457,表明中部地区数字普惠金融每上升1%,中部地区的家庭消费碳排放就会上升1.0457%;由第(3)列的回归结果可知,在西部地区,数字普惠金融对家庭消费碳排放的回归系数在5%的显著性水平上为0.5082,表明西部地区数字普惠金融指数每上升1%,西部地区的家庭消费碳排放就会上升0.5082%;由第(4)列的回归结果可知,在东北地区,数字普惠金融对家庭消费碳排放的系数为0.4183,但是不显著。由此可知,数字普惠金融对中部地区、西部地区的家庭消费碳排放存在显著的促进作用,对东部地区、东北地区家庭消费碳排放的影响不显著。

表6 地区异质性回归结果

	东 部	中 部	西 部	东 北
	(1) HCCE	(2) HCCE	(3) HCCE	(4) HCCE
DIFI	-0.2557 (0.2804)	1.0457*** (0.3768)	0.5082** (0.2066)	0.4183 (0.3708)
controls	YES	YES	YES	YES
_cons	7.8677*** (0.3856)	7.8168*** (0.4046)	8.3030*** (0.3174)	8.6586*** (0.6648)
个体固定	YES	YES	YES	YES
时间固定	YES	YES	YES	YES
N	5336	4028	5347	1797
R-sq	0.1561	0.2279	0.1660	0.1067

东部地区经济发展程度较高,居民收入也相对较高,对价格更贵的绿色消费品接受程度更高,由此使得消费碳排放较低。而中西部地区正处在经济快速发展的阶段,虽然居民收入相较于东部地区增速更快,但是收入水平仍低于东部地区,因此对于价格较贵的绿色低碳产品的消费量较少,使得数字普惠金融对中西部地区家庭消费碳排放的促进作用更加显著。

2. 受教育程度与性别异质性检验

不同群体的受教育程度也可能会对其收入、消费观念等产生影响,因此将受访者分为低、中等、高等受教育程度群体三部分,其中低受教育程度为小学学历及其以下,中等受教育程度为初高中及相等学历水平,高等受教育程度为大专及其以上。另外,性别的差异也可能会对消费产生影响,因此将受访者分为男性与女性两部分来分别进行回归分析。

表7第(1)—(3)列为受教育水平异质性分析回归结果,第(4)—(5)列为性别异质性分析回归结果。由第(1)列的回归结果可知,数字普惠金融对受教育水平较低的受访者的家庭消费碳排放的回归系数在5%的显著性水平上为0.4378;由第(2)列的回归结果可知,数字普惠金融对中等受教育水平的家庭消费碳排放的回归系数在1%的显著性水平为0.5448;由第(3)列的回归结果可知,数字普惠金融对高受教育水平受访者的家庭消费碳排放的回归系数为-0.4078,但是并不显著。由此可知,数字普惠金融对中低受教育水平受访者的家庭消费碳排放存在显著的促进作用,对高受教育水平的家庭消费碳排放不显著,且回归系数为负。可能的原因是学历越高,素质或者环保意识更高,对于绿色低碳产品的消费也会增加,从而会降低碳排放量。

表7 受教育水平、性别异质性回归结果

	低受教育水平	中等受教育水平	高受教育水平	女性	男性
	(1) HCCE	(2) HCCE	(3) HCCE	(4) HCCE	(5) HCCE
DIFI	0.4378** (0.2022)	0.5448*** (0.1979)	-0.4078 (0.3998)	0.3535 (0.2571)	0.3825** (0.1564)

续表

	低受教育水平	中等受教育水平	高受教育水平	女 性	男 性
	(1) HCCE	(2) HCCE	(3) HCCE	(4) HCCE	(5) HCCE
controls	YES	YES	YES	YES	YES
_cons	7.594 5***	8.054 0***	14.913 4***	8.470 7***	8.300 7***
	(0.385 5)	(0.366 3)	(1.854 0)	(0.420 0)	(0.310 5)
个体固定	YES	YES	YES	YES	YES
时间固定	YES	YES	YES	YES	YES
N	7 145	8 014	1 349	5 957	10 551
R-sq	0.171 9	0.164 9	0.176 3	0.148 6	0.164 8

而由第(4)列的回归结果可知,数字普惠金融对女性群体消费碳排放的回归系数为0.353 5,但是不显著;数字普惠金融对男性群体消费碳排放的回归系数在1%的水平上为0.382 5。由此可知,数字普惠金融对男性的消费碳排放促进作用更加显著。可能的原因是由于男性工资更高,消费能力也就强,产生的消费碳排放也会更多。

四、机制分析

(一)收入端机制分析

参考江艇对于机制分析路径的思路[33]及杨碧云等关于中介效应的实证检验[34],考察数字普惠金融对中介变量的影响效应,对中介变量与家庭消费碳排放的关系则用文献予以说明。

对于收入端的中介变量,用家庭总收入及其四大组成部分(工资性收入、经营性收入、财产性收入、转移性收入)来予以衡量。表8为收入端的机制分析回归结果,由第(1)列的回归结果可知,数字普惠金融对家庭总收入的回归系数在1%的水平上为0.865 0;由第(2)列的回归结果可知,数字普惠金融对工资性收入的回归系数在1%的水平上为1.866 9;由第(3)列的回归结果可知,数字普惠金融对经营性收入的回归系数在1%的水平为-3.128 4;由第(4)列的回归结果可知,数字普惠金融对财产性收入的回归系数在1%的水平上为2.322 7,由第(5)列的回归结果可知,数字普惠金融对转移性收入的回归系数在1%的水平上为0.963 6。表明数字普惠金融对家庭总收入及各类收入大都存在显著的促进作用,且对家庭财产性收入的促进作用最大。而由于财产性和转移性收入的边际消费倾向高于经营性和工资性收入。因此,随着数字普惠金融对这两部分收入促进作用的增强,其对于消费的促进作用更加显著,家庭消费碳排放量的增加也会更加显著。

表8 收入端机制分析回归结果

	总收入	工资性收入	经营性收入	财产性收入	转移性收入
	(1) Lntotal_income	(2) Lnwage_inc	(3) Lnoperate_inc	(4) Lnprop_inc	(5) Lntransfer_inc
DIFI	0.865 0*** (0.202 1)	1.866 9*** (0.410 6)	-3.128 4*** (0.354 4)	2.322 7*** (0.253 6)	0.963 6*** (0.326 6)
controls	YES	YES	YES	YES	YES
_cons	8.062 4*** (0.188 0)	3.839 8*** (0.480 9)	4.469 1*** (0.371 1)	-0.824 6*** (0.314 1)	2.737 4*** (0.348 0)
个体固定	YES	YES	YES	YES	YES
时间固定	YES	YES	YES	YES	YES
N	16 071	16 508	15 170	16 392	16 508
R-sq	0.247 6	0.279 3	0.371 9	0.302 5	0.171 1

(二)资产端机制分析

对于资产端的中介变量,用家庭总资产及家庭金融资产(风险金融资产、非风险金融资产)、非金融资产来予以衡量。

资产端的回归结果如表9所示,由表可知,数字普惠金融对家庭总资产及各类资产的回归系数均在1%的水平上为正,表明数字普惠金融对家庭资产都存在显著的促进作用,且数字普惠金融对家庭金融资产的促进作用大于非金融资产,对风险金融资产的促进作用要大于无风险金融资产。而金融资产获得的财产性收入的边际消费倾向又是显著高于其他收入的,因此随着数字普惠金融对家庭金融资产及风险金融资产的促进作用加强,金融资产提升带来的家庭消费碳排放也会出现相应的增长。

表9 资产端机制分析回归结果

	总资产	金融资产	非金融资产	风险金融资产	无风险金融资产
	(1) Lntotal_asset	(2) Lnfina_asset	(3) Lnnfina_asset	(4) Lnf_risk_asset	(5) Lnf_nrisk_asset
DIFI	1.774 6*** (0.092 8)	2.014 2*** (0.202 8)	1.804 0*** (0.097 9)	2.218 8*** (0.326 6)	1.984 0*** (0.251 2)
controls	YES	YES	YES	YES	YES
_cons	10.982 7*** (0.107 9)	6.809 3*** (0.224 6)	10.913 0*** (0.116 1)	3.499 8*** (0.368 7)	6.298 0*** (0.293 8)
个体固定	YES	YES	YES	YES	YES
时间固定	YES	YES	YES	YES	YES
N	16 507	16 508	16 507	16 508	16 508
R-sq	0.495 8	0.325 2	0.456 9	0.310 0	0.196 6

(三) 流动性约束机制分析

对于流动性约束的衡量,参考张勋等的文章[35],用除房屋负债外的总负债与总资产的比值—资产负债率(asset liability ratio)来表示。此外还参考王海燕等的文章[36],用除房屋负债外的总负债与总收入的比值——杠杆率(leverage)来衡量家庭的杠杆水平。为衡量信贷对家庭消费碳排放的影响,还运用了数字普惠金融的信贷指数来对家庭消费碳排放进行回归分析。

回归结果如表10所示,第(1)列为信贷指数对家庭消费碳排放的回归结果,第(2)列为数字普惠金融对家庭资产负债率的回归结果,第(3)列为数字普惠金融对家庭杠杆率的回归结果。由回归结果可知,信贷指数的上升会增加家庭消费碳排放,而数字普惠金融的则能够很好地缓解家庭面临的流动性约束。而家庭相关除房产负债外的负债增加,表明家庭拥有更多的借款渠道,因此能够很好地缓解家庭面临的流动性约束,从而能够增加消费,使得家庭的消费碳排放持续增长。

表10 流动性约束回归结果

	(1) HCCE	(2) asset liability ratio	(3) leverage
credit	0.375 0*** (0.069 1)		
DIFI		0.066 9*** (0.019 4)	0.369 3** (0.153 9)
controls	YES	YES	YES
_cons	8.076 9*** (0.190 1)	0.009 7 (0.042 3)	0.615 8** (0.249 7)
个体固定	YES	YES	YES
时间固定	YES	YES	YES
N	16 508	16 134	15 407
R-sq	0.158 6	0.013 3	0.006 1

五、进一步分析

(一)居民金融素养与家庭消费结构升级的调节效应分析

1. 模型构建

为分析居民金融素养、家庭消费结构升级在数字普惠金融促进家庭消费碳排放增长中所起的作用,构建如下调节效应回归模型:

$$HCCE_{i,t} = a_0 + a_3 Difi \times FL_{i,t} + a_1 Difi_{i,t} + a_2 FL_{i,t} + a_4 indiviual_{i,t} \quad (2)$$
$$+ a_5 family_{i,t} + \mu_i + \mu_t + \in_{i,t}$$

$$HCCE_{i,t} = a_0 + a_3 Difi \times Cup_{i,t} + a_1 Difi_{i,t} + a_2 Cup_{i,t} \quad (3)$$
$$+ a_4 indiviual_{i,t} + a_5 family_{i,t} + \mu_i + \mu_t + \in_{i,t}$$

公式(2)为居民金融素养的调节效应模型,公式(3)为家庭消费结构升级的调节效应模型。其中 $FL_{i,t}$ 表示第 i 个家庭第 t 年的金融素养程度,$Difi \times FL$ 为数字普惠金融与居民金融素养的交互项;$Cup_{i,t}$ 表示第 i 个家庭第 t 年的消费结构升级程度,$Difi \times Cup$ 为数字普惠金融与居民消费结构升级的交互项。其余变量含义同上。参考温忠麟等的文章[37],为避免多重共线性带来的回归结果偏误,在做调节效应分析时,将自变量和调节变量都进行了中心化处理。

2. 变量选择

(1) 居民金融素养

参考尹志超等的研究[38],选取利率计算、通货膨胀计算和风险三大问题衡量来受访者的金融知识水平。由于回答错误与选择不知道或算不出来的受访者他们的金融素养水平是不一致的,相对于回答错误来讲,选择不知道或算不出来表明受访者缺乏基本金融知识,其金融素养水平更低。因此对每个问题分别设置是否正确回答和是否直接回答(回答不知道或算不出来即为间接回答)两个"哑变"量。然后对上述变量采取因子分析法,从而构建金融知识得分来作为家庭金融素养的代理变量。这一数值越大,表明受访家庭的金融素养越高。

(2) 家庭消费结构升级

参考孙国锋和张思逸的文章[39],将居民消费支出中的食品、衣着、居住支出归类为生活必需品支出(ess),将家庭设备用品及服务、交通通信、教育文化娱乐、医疗保健及其他消费归类为非生活必需品支出(notness),即高端消费。对生活必需品赋权 1/3,非生活必需品赋权 2/3。消费结构升级计算公式如下:

$$Cup_{i,t} = \frac{ess_{i,t}}{consume_{i,t}} \times 1 + \frac{notness_{i,t}}{consume_{i,t}} \times 2$$

3. 回归结果分析

表 11 为调节效应回归结果,第(1)列为居民金融素养的调节效应分析,第(2)列为家庭消费结构升级的调节效应分析。由第(1)列回归结果可知,数字普惠金融与居民金融素养的交互项系数在 1% 的水平上为 -0.087 5,表明居民金融素养在数字普惠金融促进家庭消费碳排放中起着负向的调节效应,即随着居民金融素养的不断提升,数字普惠金融对家庭消费碳排放的促进作用会减弱。这

可能是由于数字普惠金融具有金融、数字、绿色三种属性,前两种属性会带来更多的消费碳排放,而数字普惠金融的绿色属性则会提升公众的环境意识、鼓励民众低碳消费,从而有助于抑制消费碳排放的过快增加。一般而言,绿色属性要求最高,因此对这一属性的掌握也较难达到,而居民的金融素养提高会使得对数字普惠金融绿色属性的掌握更强,从而有助于家庭消费碳排放增速的减缓。

而由第(2)列的回归结果可知,数字普惠金融与家庭消费结构升级的交互项在1%的水平上为0.759 8,表明家庭消费结构升级在数字普惠金融促进家庭消费碳排放中起着正向的调节效应,随着家庭消费结构升级程度提高,数字普惠金融对家庭消费碳排放的促进作用会进一步加强。一方面,随着数字普惠金融对收入等的促进作用不断显现,居民生存型消费支出增加;另一方面,居民也会更加追求精神上的享受,因此对于发展与享受的支出也会增加,所以会使得家庭消费碳排放不断增加。

表11 调节效应回归结果

	金融素养	消费结构升级
	(1) HCCE	(2) HCCE
DIFI × FL	−0.087 5** (0.036 0)	
DIFI × Cup		0.759 8*** (0.140 4)
DIFI	0.805 5*** (0.154 9)	−0.625 9*** (0.241 3)
FL	0.126 3*** (0.029 8)	
Cup		−0.569 8*** (0.127 2)
controls	YES	YES
_cons	8.449 3*** (0.244 8)	7.546 7*** (0.252 4)

续表

	金融素养	消费结构升级
	（1）HCCE	（2）HCCE
个体固定	YES	YES
时间固定	YES	YES
N	11 940	16 508
R-sq	0.131 6	0.161 2

注：由于部分样本的金融素养存在缺失，因此在金融素养的回归分析中就要剔除这一部分样本，由此使得样本量相较于基准回归有所下降。

（二）数字普惠金融与城乡消费碳排放差距的分析

为分析数字普惠金融对城乡居民消费碳排放差距的影响，参考冯大威等的文章[40]，构建如下的回归模型：

$$HCCE_{i,t} = a_0 + a_1 Difi_{i,t} + a_2 urban_{i,t} + a_3 Difi \times urban_{i,t} \\ + a_4 indiviual_{i,t} + a_5 family_{i,t} + \mu_i + \mu_t + \in_{i,t} \quad (4)$$

公式(4)为数字普惠金融对城乡消费碳排放差距的回归模型。其中，urban为家庭是否是城镇家庭的虚拟变量，农村家庭取值为 0，城镇家庭取值为 1。系数 a_2 反映了城乡消费碳排放差异，若该系数显著为正，则说明城镇家庭消费碳排放显著高于农村家庭。若交互项系数 a_3 显著为负，则表明数字普惠金融能够显著缩小城乡消费碳排放差距。

回归结果如表 12 所示，其中第(1)—(2)列为数字普惠金融分别对城、乡家庭样本的回归结果，第(3)列则为数字普惠金融对城乡消费碳排放差距的回归结果。由(1)—(2)列回归结果可知，数字普惠金融对城、乡家庭的消费碳排放都存在显著的促进作用，但数字普惠金融对农村家庭消费碳排放的促进作用要显著大于城镇，表明数字普惠金融可能会缩小城乡消费碳排放差距，但是还需第(3)列的回归结果予以验证。

由第(3)列的回归结果可知，数字普惠金融与城乡家庭交互项的系数在 1%的水平上为-0.390 8，表明数字普惠金融的发展能够缩小城乡消费碳排放差距。这也进一步验证了表 12 第(1)、(2)列的回归结果。可能的原因是数字金融的发展推动农村居民收入不断增长,进一步缩小了城乡收入差距,从而提升了居民的消费能力,农村居民对于衣食住等生存型消费支出增加,使得农村家庭消费碳排放增速增更快,从而缩小了城乡消费碳排放差距。

表12 数字普惠金融与城乡消费碳排放差距的回归结果

	农村样本	城镇样本	城乡碳排放差距
	(1) HCCE	(2) HCCE	(3) HCCE
DIFI	0.423 8**	0.352 8*	0.565 0***
	(0.170 0)	(0.182 8)	(0.125 3)
urban	−	−	0.165 3
			(0.119 4)
DIFI × urban			−0.390 8***
			(0.054 3)
controls	YES	YES	YES
_cons	7.720 9***	8.413 3***	7.978 1***
	(0.256 8)	(0.287 4)	(0.199 8)
个体固定	YES	YES	YES
时间固定	YES	YES	YES
N	9 047	7 461	16 508
R-sq	0.170 8	0.147 5	0.162 8

注:由于(1)、(2)列的回归样本根据urban的赋值不同来进行分类,因此urban便无法参与回归,所以出现了空白值。

六、研究结论与政策建议

基于CHFS 2015、2017、2019年三期调查数据,在测度家庭消费碳排放的基础上,构建了数字普惠金融影响家庭消费碳排放的理论分析。得出了如下结论:① 数字普惠金融及其子维度对家庭消费碳排放存在显著的促进作用,在经过内生性与稳健型检验后,上述结论依然成立。② 异质性分析表明数字普惠金融对家庭消费碳排放的促进作用在中西部地区、中低受教育水平受访者及男性群体中更加显著。③ 影响路径分析表明,数字普惠金融能通过增加家庭收入、资产与缓解流动性约束来增加家庭消费碳排放。④ 进一步分析表明,居民金融素养与家庭消费结构升级在数字普惠金融影响家庭消费碳排放中则分别起着负向与正向的调节作用。此外数字普惠金融的发展能够缩小城乡消费碳排放差距。

为此提出如下建议:

第一,要进一步提高居民的金融素养,从而使得数字普惠金融的绿色属性不断发挥,助力家庭消费碳排放的下降,为实现"双碳"目标贡献消费端的力量。

第二,对于消费结构升级的正向调节作用,要合理地去引导居民消费结构升级朝着绿色低碳的道路发展,实现绿色低碳基础上的消费结构升级。但是绿色低碳产品的价格相对而言更为昂贵,因此一方面我们要培养居民低碳消费的环保意识,另一方面更要着力提高居民收入水平,同时要进一步发挥二次分配、三次分配的积极作用,竭力缩小居民收入差距,这样才能增加消费品中的绿色低碳消费品的占比。另外还要通过先进的技术降低绿色消费品的价格,从而降低绿色消费的门槛,使得每个人都能够有绿色消费的机会,从而有助于"双碳"目标的实现。

参考文献:

[1] 黄志,程翔,邓翔.数字经济如何影响我国消费型经济增长水平[J].山西财经大学学报,2022,44(4):69-83.

[2] 徐新扩,杨康隆.消费信贷对家庭碳排放的影响评析[J].福建师范大学学报(哲学社会科学版),2017,204(3):16-22,167-168.

[3] 安强身,刘俊杰,李文秀.数字普惠金融与居民消费结构升级:作用机制与经验证据[J].云南财经大学学报,2023,39(3):1-23.

[4] 谭燕芝,王湘,陈铭仕.数字普惠金融、信贷供给与居民消费[J/OL].消费经济,2023,39(5):78:89.

[5] 郭继辉,王泽荣.数字普惠金融发展能促进家庭消费水平吗——基于CHFS数据的实证研究[J].贵州财经大学学报,2022,219(4):22-31.

[6] 王守坤,范文诚.数字普惠金融与碳减排——基于中国县级数据的实证分析[J].当代财经,2022,456(11):53-64.

[7] 韩兆安,吴海珍,赵景峰.数字经济驱动创新发展——知识流动的中介作用[J].科学学研究,2022,40(11):2055-2064,2101.

[8] 马玥.数字经济对消费市场的影响:机制、表现、问题及对策[J].宏观经济研究,2021,270(5):81-91.

[9] 刘向东,张舒.移动支付方式与异质性消费者线下消费行为[J].中国流通经济,2019,33(12):3-15.

[10] 赵昕,曹森,丁黎黎.互联网依赖对家庭碳排放的影响——收入差距和消费升级的链式中介作用[J].北京理工大学学报(社会科学版),2021,23(4):49-59.

[11] 王永仓,温涛,王小华.数字金融与农户家庭增收:影响效应与传导机制——基于中国家庭金融调查数据的实证研究[J].财经论丛,2021,276(9):37-48.

[12] 李晓钟,李俊雨.数字经济发展对城乡收入差距的影响研究[J].农业技术经济,2022,322(2):77-93.

[13] 尹志超,公雪,郭沛瑶.移动支付对创业的影响——来自中国家庭金融调查的微观证据[J].中国工业经济,2019,372(3):119-137.

[14] 王湘红,文秀泽,孙文凯.收入结构对家庭消费倾向和消费结构的影响——基于心理账户视角的研究[J].经济理论与经济管理,2022,42(9):68-81.

[15] 臧旭恒,张欣.中国家庭资产配置与异质性消费者行为分析[J].经济研究,2018,53(3):21-34.

[16] 贺洋,臧旭恒.家庭资产结构与消费倾向:基于CFPS数据的研究[J].南方经济,2016(10):75-94.

[17] 易行健,王静雪,陈俊,杨碧云.金融资产对家庭消费的影响——基于资产结构视角的实证检验[J].消费经济,2020,36(5):3-16.

[18] 李继尊.关于互联网金融的思考[J].管理世界,2015,262(7):1-7,16.

[19] 杨波,王向楠,邓伟华.数字普惠金融如何影响家庭正规信贷获得?——来自CHFS的证据[J].当代经济科学,2020,42(6):74-87.

[20] 傅秋子,黄益平.数字金融对农村金融需求的异质性影响——来自中国家庭金融调查与北京大学数字普惠金融指数的证据[J].金融研究,2018,461(11):68-84.

[21] 吴雨,李成顺,李晓等.数字金融发展对传统私人借贷市场的影响及机制研究[J].管理世界,2020,36(10):53-64,138,65.

[22] 崔海洋,袁倩莹.数字金融、产业结构升级与包容性增长——基于区域和城乡协调发展的视角[J].云南民族大学学报(哲学社会科学版),2022,39(5):108-116..

[23] 张勋,万广华,张佳佳等.数字经济、普惠金融与包容性增长[J].经济研究,2019,54(8):71-86.

[24] 赵晨希,王合玲.中国城乡消费差距的实证分析[J].统计与决策,2016,461(17):141-144.

[25] 乔榛,徐宏鑫.居民收入增长、分配结构与消费升级:基于中国经验的分析[J].社会科学战线,2023,331(1):62-72.

[26] 宋泽,邹红,赵达.中国消费内生动力:收入增长下的涓滴效应研究[J].数量经济技术经济研究,2023,40(1):5-24.

[27] 郭峰,王靖一,王芳,孔涛,张勋,程志云.测度中国数字普惠金融发展:指数编制与空间特征[J].经济学(季刊),2020,19(4):1401-1418.

[28] 胡宁宁,侯冠宇.数字普惠金融对家庭消费的影响路径研究——来自中国家庭微观调查的证据[J].经济问题探索,2023,489(4):175-190.

[29] 刘斌,李川川,李秋静.新发展格局下消费结构升级与国内价值链循环:理论逻辑和经验事实[J].财贸经济,2022,43(3):5-18.

[30] T. J. Bartik, "How do the Effects of Local Growth on Employment Rates Vary with Initial Labor Market Conditions?", Upjohn Institute Working Paper, 2009, No.9148.

[31] 李晓钟,吴文皓,顾国达.数字经济发展能否提升区域经济韧性?——基于中介效应、门槛效应和空间溢出效应的研究[J].浙江大学学报(人文社会科学版),2022,52(12):21-39.

[32] 张勋,杨桐,汪晨等.数字金融发展与居民消费增长:理论与中国实践[J].管理世界,2020,36(11):48-63.

[33] 江艇.因果推断经验研究中的中介效应与调节效应[J].中国工业经济,2022,410(5):100-120.

[34] 杨碧云,王艺璇,易行健.数字鸿沟与消费鸿沟——基于个体消费不平等视角[J].经济学动态,2023,745(3):87-103.

[35] 张勋,杨桐,汪晨等.数字金融发展与居民消费增长:理论与中国实践[J].管理世界,2020,36(11):48-63.

[36] 王海燕,岳华,李韫琪.数字金融发展如何影响家庭"加杠杆"?——动态效应、异质性特征与机制检验[J].南方经济,2021,384(9):18-35.

[37] 温忠麟,侯杰泰,张雷.调节效应与中介效应的比较和应用[J].心理学报,2005(2):268-274.

[38] 尹志超,宋全云,吴雨.金融知识、投资经验与家庭资产选择[J].经济研究,2014,49(4):62-75.

[39] 孙国锋,张思逸.政府公共品供给能促进消费结构升级吗?——基于30个省份面板数据的空间计量分析[J].东南大学学报(哲学社会科学版),2020,22(6):65-74,153.

[40] 冯大威,高梦桃,周利.互联网与城乡居民消费差距——来自家庭微观调查的证据[J].中国经济问题,2022,332(3):98-114.

本文在学术规范写作方面表现出色。作者基于翔实的数据,构建了数字普惠金融影响家庭消费碳排放的理论框架,并通过固定效应模型进行实证分析,得出了有意义的结论。文章逻辑清晰,结构严谨,从提出问题、理论框架构建、实证分析到结论提出,条理分明。同时,作者在写作过程中,充分尊重学术规范,引用的数据和文献都注明了来源,确保了研究的可追溯性和可验证性。

尽管作者已经进行了深入的分析,但在某些方面的讨论仍稍显简略。例如,对于数字普惠金融影响家庭消费碳排放的具体机制,作者可进一步探讨各子维度如何协同作用,以增强结论的解释力。此外,对于影响路径的分析,如能通过更多实际案例来佐证,将使论证更具说服力。

滞后的工人故事与离乡的子一代
——以新东北作家群为例

孙若瑀*

摘要：新东北作家群以"下岗"为核心的工人阶级乡愁书写，重新走入大众视野，成为下岗工人话语的合理代言。作为数十年后对工人话语的重提，子一代写作成为青年与文学界对当下生存状况和异质话语空间的反思支点，子一代创作带有鲜明的他者色彩，逐渐走向去阶级性与商业化的写作路线，复归求新求变求商业转化的青春写作模式，其话语内部的反抗性与阶级关怀的持续能力呈现出悲观态势。

关键词：新东北作家群；工人文学；异质话语；子一代书写

"东北故事"书写作为近年来八〇后作家突破青春化、市场化写作困局的代表，以带有地域语言特色与特定群体生活模式的话语模式，形成全国性的文学现象，此写作群体被评论界称为"新东北作家群"。

学界对于"新东北作家群"的研究发轫于黄平等东北籍学者，在近年来得到批评界的充分肯定。如果将抚顺作家赵松在2009年出版《抚顺故事集》、2011年张猛《钢的琴》上映、贾行家于2011年在网易微博以笔名"阿莱夫"专栏记录"他们，困苦的活着"，将东北下岗工人话语引入大众视野作为"新东北作家群"这一创作群体的开篇，那这个写作群体仅出现了十年时间。而如果单就"新东北作家群"的主要人物班宇、郑执、双雪涛三人开始写作，并真正出现在大众视野，形成整体化的文学现象与美学风格而言，这个时间只有五年。这批主要生长于沈阳，仍处于创作初期的八〇后青年作家，书写父辈们的工人故事与共和国历史，成为带有独特美学特征的"新东北作家群""子一代"创作群体。

---

* 孙若瑀，男，上海大学文学院2023级硕士研究生，研究方向为文艺学。

一、工人话语的失落

20世纪90年代的社会经济转型,大批国企工人下岗,工人群体在计划经济时代作为社会主义现代化建设的主力军的社会地位随着体制转型、市场化浪潮受到冲击,工人群体在物质生活方面和精神信仰方面受到双重冲击,工人群体被赋予的稳固地位也随之消解。工人阶级的先进性、自豪感和群体意识的排他性,使他们原有的强大的自信和自尊,只能直视信仰的崩塌与经济的压力。随着工人的社会身份转化,出现不同的阶层,下海经商的富豪、下岗后的无业游民、再就业的小生产者等,阶层的上升与滑落,责任要求与地位丧失带来的个体悲剧也正是造成一系列东北故事的原因,正如贾行家在"一席"的演讲中提到的"今天好多人问我,说你们东北人为什么那么爱喝酒,喝醉了不行还要劝别人也喝。我的回答总是很夸张。我说我们东北,失落的人、绝望的人太多了。"

工人话语伴随工人阶级身份的消解往往话语中心在转化,当作为过去之时代的工人群体的话语模式与思维逻辑可反映现实,书写者将这一群体独特的历史内涵和时代价值一再书写。工人话语既包括工人群体的自我表达,也包含工人空间外部的文学塑造,文艺界对于工人阶级的书写与社会历史变革同步,1949年以来中国的工人叙事也历经多次演变。"十七年"文学时期,面对新的历史阶段,新的经济体制改革要求破除成规新的意识形态来构建起民众认同的新价值系统[1]。文学与政治的关联进一步加强,反复进行的文艺批判运动逐渐达到对民众的意识形态重构目的。工人形象作为社会主义建设者形象之一,在这一时期塑造为平民英雄形象,富于组织性、纪律性、革命性。如《乘风破浪》中的李少祥、《沸腾的群山》中的焦昆、《百炼成钢》中的秦德贵、《五月的矿山》中的杨平山,他们都是在社会主义建设新时期经受改造而成的新工人形象。"十七年"文学的工人书写既存在着如秦德贵,杨平山等"高大全"的传统英雄式崇高个体,也存在着大量"集体性的新式英雄"如萧军《五月的矿山》中写道:"每一次开会,他就跟大会场的人一样,陷入一种激昂的兴奋中。台下的人们鼓掌,他也跟着鼓

---

[1] 余岱宗:《被规训的激情:论1950、1960年代的红色小说》,上海三联书店2004年版,第2、5页。

掌;呼喊,他也跟着呼喊;举手的时候,他也伸出拳头来。"①这种集体主义的崇高由革命战争时期的战士形象转移到革命建设时期的工人形象,工人形象融化于革命的宏大政治话语。"文革"期间的工人形象仍延续"十七年"的基本创作原则,在形象上却更加"样板化"和"革命化"。在文学的领域中建构起革命的热情,宣扬革命的理想,规划革命的秩序,以具体形象展现革命体验的幸福感②。

在改革开放新时期的工人书写中,时代浪潮中下岗工人的生存状况成为主要书写对象。工厂话语空间进入市场话语空间,这个转变的过程是一种话语的失落,其中的工人形象是始终坚持传统思维逻辑最终被逐步平民化、底层化,成为时代的被损耗者,如《车间主任》中的段世民愤怒于儿子不能评上劳模,工厂的改制和扭秧歌的新奇舞曲的不合规范,并在晚年选择扫马路继续发挥余热,人物形象相类似的亦有《寂寞歌唱》中的林奇蹬三轮车消磨下岗时光。此时的下岗书写仍以下岗群体自身为视角描写人生际遇,强调个体命运,仍未形成历史层面的反思视野与文学潮流。

21世纪以来,工人故事以及工人话语在以市场经济为代表的新型意识形态重构时期被忽视的部分。同时,出现在大众视野的东北文艺,在文艺平台以及多重传播形式的影响下,东北文化被打上了乡土化、娱乐性和暴力化的刻板印象。无论是《东北人都是黑社会》在21世纪初的火爆与"大金链子小手表"的短视频形象对于东北人形象建构,还是以赵本山为代表的东北小品连续数十年登上春晚,《乡村爱情》《刘老根》等乡村喜剧得到数亿人的观看,喊麦直播依托短视频平台掀起审丑求怪风潮,东北文化在这一话语维度衰落于当下文化环境。在大众视野中,东北、农民与前现代这三个词紧密地黏合在一起,东北开始在文艺领域生产快乐,在以"现代化"目光凝视"前现代"历史残留物的感觉③。"东北人都是黑社会"与喜剧天赋,作为被社会单向强加的文化符号,消解了社会主义建设初期的城市文化成就,使得东北成为其他社会成员难以接近的文化景观。用符号从外部概括东北,将暴力与喜剧的主体看作现代都市的他者④,以一种外来者视角下的叙述,包含着对抗主流定型化想象的情感结构。

---

① 萧军:《五月的矿山》,黑龙江人民出版社1954年版,第32页。
② 余岱宗:《被规训的激情:论1950、1960年代的红色小说》,上海三联书店2004年版,第2、5页。
③ 刘岩:《比较文学视野下的现代化中国想象》,北京大学博士学位论文,2008年。
④ 刘岩:《"东北人不是黑社会"——大众文化的城市江湖想象与社会主义锈带的情感结构》,《文化研究》2015年第1期,第148—157页。

东北青年一代陷入不同于父辈的新的悲剧,在无意识中对超越可能的逐渐消解,大量以娱乐的方式迅速致富的同阶层存在,在衰败的工人阶层生长起来的青年不知道其他出路,在春晚小品与短视频的文化构建中,庞大的工人群体被置于前现代社会,通过其奇观化的特征成为消费社会内部吸引流量热度的文化景观。

二、"子一代"话语的异质特征

以班宇、郑执和双雪涛为代表的"子一代"东北作家大多是成长于 20 世纪 80 年代,以沈阳—铁西区—艳粉街为中心的中下层工人子弟,他们身处于所写作的工人群体,童年时期的懵懂导致其对父辈悲剧的认知是一种滞后的回忆与判断。他们所描写的东北故事大多以"工人"和"下岗"为中心,以子一代的视角描写父辈的遭遇,其笔下的人物共享了大抵相近的遭际和命运,他们的叙述也有相似的衰颓气氛和冷峻的美学风格。双雪涛的《飞行家》《光明堂》,班宇的《冬泳》《盘锦豹子》以及郑执的《仙症》等作品,深刻映射着以他们的父辈为代表的下岗工人群体的最初遭际和群体诉求,描绘出东北数百万下岗工人真实生命状态。

"子一代"东北故事讲述的是工人阶层在企业体制转型下的境况,二十年后才出现的,代言人转述已经超出东北的地域性故事,在当代青年的文艺审美空间中扩张为歌曲《杀死那个石家庄人》和《漠河舞厅》的现象级流行,青年遭遇了成就自身的难题和难以改变的生存状态之间的冲突,将这种思路转移到文学界中,文学界对"新东北作家群"作品美学特征持充分肯定。"新东北作家群"通过构建不同话语空间,唤醒更大范围的言说自身话语,改变单调话语语言,成为对当下生存状况和异质话语空间的反思支点。"新东北作家群"的创作特征作为异质话语的叙事逻辑,在以班宇、郑执、双雪涛为代表的工人故事书写中,都不约而同地塑造出一个脱离当下时空的密闭场域作为叙事场所,这个叙事场所往往是作者童年所处的下岗潮过后凋敝肮脏的工人社区,在时间上停留于过去的童年时期。双雪涛的故事属于沈阳铁西区的艳粉街,《光明堂》故事以父辈为子辈寻亲勾勒出粗糙地图为媒介,将空间完整铺开:"家在东边,你的学校在南面,每天上学走这条路,路过公共厕所,红星台球厅,春风歌舞厅,是吧。我的厂子在北面……"并通过神父的口,在时间上构造了艳粉街的完整历史"满人入关前,这里曾是军营……'文革'期间,社会大乱,不过探出了这里有煤,于是汇聚了矿工,盲流,黑户,下放的'右派',残疾的工人,渐成一片棚户区"①,时空的交织构建出一个完整的落魄的工人世界,艳粉街成为刻意回避的混乱地带存在,作者的诉求在这片与城市化不符的棚户区中得以展开,艳粉街成为失落个体的群聚空间,远离主流社会的地域在浪漫主义的象征中成为边缘群体诉求的载体。相类似的异质空间在班宇与郑执笔下也是如此。以"铁西三剑客"为代表的"新东北作家群"在另一个角度继续了铁西工人区与外部世界的隔绝状态,成为叙事与诉求产生的社会空间。

"新东北作家群"将同一空间内不同人物群像的命运作为叙事脉络,依赖小说中的具体人物完成对异质空间边界的确定与真实感的填充。虽然社会环境决定着空间内人物的整体生存状态,但就如同海德格尔对于空间的观念,空间由内部成员构成,正是人物的足迹让这个虚幻的小说空间得以明确。正如班宇在《工人村》一章内分别以"古董店老孙""足浴店吕秀芬""司机余正国"等人各自的命运作为各篇主线,每个人物都具备真实的生命过程,在空间中形成并置结构,这种复调言说既进一步增进了子一代作家凭借回忆所构建的异质空间的真实性,又同时体现了父辈群体的自身话语诉求。

子一代作家的小说创作中的人物多为下岗工人,或是依附于工人生存的社会底层成员,并非以往工人叙事追求高大全的英雄形象,以及非好即坏的二元对立所形成的政治符号化人物,如以孙旭庭(班宇《盘锦豹子》)、高立宽(双雪涛《飞行家》)、张国富(双雪涛《光明堂》)为代表的落魄下岗工人,他们曾经有着令人自豪的工人技能,并凭借技术得到社会的尊敬,获得精神与物质的满足,但又因下岗所带来的巨大身份落差与物质困境而穷困潦倒,终日酗酒,成为无具体身份特征与性别特征的社会底层群体成员。再如以老孙(班宇《工人村 古董》)、李德龙(《工人村 超度》)为代表的穷困且神秘的市井奇人,他们生活在工人社会内部,依靠工人群体生活,并不具备任何足以自豪的社会特殊能力,仅因为行业的特殊性质不同于普通商贩,成为生存在工人社会内部普通的市井奇人,与工人群体一同成为异质空间的内部成员。再如以被霸凌、被损害的如蚊子(双雪涛《走出格勒》)、余娜(班宇《工人村 云泥》)、孙旭东(双雪涛《盘锦豹子》)等形象为例。无论是下岗的父辈,庸常的市井奇人还是被侮辱和被损害的

---

① 双雪涛:《光明堂》,见小说集《飞行家》,广西师范大学出版社2017年版,第26页。

形象,他们都生存在衰败的工人群体内部,是被社会主流人物抛弃的孤独者,他们的遭遇成为子一代所书写的东北故事,并组成异质空间内的生存悲剧与爱情悲剧。

"新东北作家群"在语言上也坚持着异质性的反抗倾向,他们以具有东北特色的喜剧话语形式,通过反讽发言实现对现实的诉求。同时子一代作家在创作中大量使用浪漫主义的想象,将富于象征意味的反抗戏剧化,如孙旭庭被他组装完成的印刷机卷去半个胳膊倒在纸槽里时,认真阅读着印刷稿《为什么他们集体发疯》,子一代作家以异质性的创作理念,构造起主流话语之外的时代悲剧,并借由对失落话语的延迟凸显,为父辈以及身处的生存状态发声。

三、作为他者的子一代

"新东北作家群"的成员是如今已消解于消费社会内部的工人故事的局外人,也正是他者或边缘者的身份定位决定了他们的异质性特征。他们大多在度过童年期之后走出工人社区,进入消费逻辑主导的现代社会,如郑执就读于香港浸会大学,毕业后留在香港,董宝石在成都工作多年,双雪涛选择北京作为其创作地。"新东北作家群"面对脱离工人社区之后的多元意识形态以及当下的社会,其思维模式不可能保持其东北地域话语与工人阶层话语的纯洁性,"新东北作家群体"有着自身的目的性与现实面向,正如双雪涛言:"东北一方面是我内在的部分,另一方面也是我的一个他者,我努力地保持距离看待它。"①这种他者性决定了子一代作家难以坚持用工人群体的思维模式为其代言的文学创作倾向,他们的写作模式中存在着一系列他者性和当下新变。"新东北作家群"的成员在叙事话语,空间构建以及美学风格上,明显地带有拉美魔幻现实主义和存在主义气息,无论是双雪涛的艳粉街还是班宇的工人村空间构建都带有魔幻现实主义色彩,营造出一个受外部世界影响,但与外部时空明显分隔的特殊地域,"工人村位于城市的最西方,铁路和一道布满油污的水渠将其与外界隔开。""艳粉街在城市和乡村之间,是一片被遗弃的旧城,属于通常所说的'三不管'地带……它形成于何年何月,很难说清楚。"在双雪涛的早期作品《天吾手记》《刺杀小说家》的话语模式中,明显带有畅销书林少华译村上春树作品的话语风格,大量使用四字短句与敬语,取

---

① 鲁太光、双雪涛、刘岩:《纪实与虚构:文学中的"东北"》,《文艺理论与批评》2019 年第 2 期,第 23—35 页。

消疑问句主语等方式。同时子一代作家对东北方言的运用带有一定的刻意性,作为实现自身创作与父辈阶层的耦合,在《盘锦豹子》中甚至直接引用赵本山的小品台词:"水是有源的,树是有根的,到电视征婚也是有原因的,兜里没钱就是渴望现金的。"由于子一代作家经历了本土语言娱乐化的特殊阶段,他们跨越时代的转述也必将带上父辈未曾经历的对于接受者喜好的妥协。

"新东北作家群"作为新时期成长起来的青年写作主体,创作中明显存在着去"东北—历史—阶级"的创作倾向。以双雪涛为例,无论是2019年结集出版的《猎人》还是近两年发表于《收获》的《刺客爱人》《不间断的人》,都存在有意脱离以往所建构的文学地理空间的创作倾向,东北很少再作为完整的叙事时空出现,而成为在语言与情感的角落所流露出的隐约气息。如《起夜》中出生于东北的魏小旗的书写,带有都市异乡人对于来自故乡人物的特殊亲近。

子一代作家以回望历史时带有的旁观视野,观察与联想他人的生活,他们创造故事而不再参与故事。正如刘岩与双雪涛等人在北大的对话所反映的子一代作家将写作背后广阔的共和国关怀刻意转向个体成长经历的单薄视野,尝试营造独属于个体的文学地位。"新东北作家群"自成为社会现象以来,文学创作走入大众视野,并尝试将自身的文学产出加以量化,用设定生产计划的方式对待文学创作,双雪涛在《猎人》的序中坦言:"目前这十一篇小说,基本是过去十五个月写成的。我原来的计划是从2018年初开始一个月写一篇,一篇一万字左右……事实上我没能做到,数量比我想象得少,时间也较比漫长。"[①]双雪涛近年来的创作产生了明显的商业化意识,"都市传奇"的商业化写作有可能取代"东北往事"的文学方向。正如双雪涛所说,在来到北京之后,最常聚的是电影人,剧作家与影视从业者成为近年来双雪涛笔下主要的文学形象,如以《Sen》《起夜》《猎人》等将影视从业者作为作品主要人物,《不间断的人》等作品也同样以剧作家为写作对象。这种创作形象的转变侵占着其"子一代"的历史记忆与书写工人阶层意识,使得原本具备鲜明美学风格与写作特征的东北地域时空书写,逐渐平庸化为城市书写作者大军中的一员。同时,"新东北作家群"也遭遇了郭敬明、唐家三少等青春文学作家所面对的影视化改编浪潮,双雪涛的作品《刺杀小说家》,《平原上的摩西》改编的《平原上的火焰》,鹏飞改编的《飞行家》,郑执爱情片《我在时间尽头等你》等。在影视拍摄的二次创作过程中,为符合大众消

---

① 双雪涛:《猎人》,北京日报出版社2019年版,第1页。

费需求以及流量明星的大量运用,使得东北方言与工业区文化成为增添影片新奇感的辅助性气氛,将"新东北作家群"为工人群体发声的异质话语限制在地域性文学内部。批评家们思考"东北"时呈现出来的历史意识、社会批判与道德良知,被大众文化轻易抹除,代之以自嘲和怀旧构成的情感抚慰。"新东北作家群"主要讨论者黄平对子一代作家商业化与追求技巧的忧虑似乎更为迫切,仍希望子一代作家能够继续坚持东北话语,以直面共和国历史的旷远关怀,凝视当下青年群体,将子一代的工人话语真正成为唤醒青年群体精神力量与社会使命的话语重构。

参考文献:

[1] 余岱宗.被规训的激情:论1950、1960年代的红色小说[M].上海:上海三联书店,2004.
[2] 萧军.五月的矿山[M].哈尔滨:黑龙江人民出版社,1954.
[3] 刘岩.比较文学视野下的现代化中国想象[D].北京大学博士学位论文,2008.
[4] 刘岩."东北人不是黑社会"——大众文化的城市江湖想象与社会主义锈带的情感结构[J],文化研究,2015(1):148-157.
[5] 双雪涛.光明堂[M].飞行家,广西:广西师范大学出版社,2017.
[6] 黄平."新东北作家群"论纲[J],吉林大学社会科学学报,2020,60(1):174-182.
[7] 鲁太光,双雪涛,刘岩.纪实与虚构:文学中的"东北"[J],文艺理论与批评,2019(2):23-35.
[8] 丛治辰.何谓"东北"?何种"文艺"?何以"复兴"?——双雪涛、班宇、郑执与当前审美趣味的复杂结构[J],中国现代文学研究丛刊,2020(4):3-33.
[9] 周宪.文化工业/公共领域/收视率——从阿多诺到布尔迪厄的媒体批判理论[J],新闻与传播研究,1998(4):67-72,93.
[10] 双雪涛.猎人[M].北京:北京日报出版社,2019.

点评

文章聚焦于"新东北作家群"这一近年来受到广泛关注的文学群体,探讨其作品中的工人阶级书写,这一选题不仅具有较高的学术价值,也与当下社会文化背景紧密相关,能够引发读者的共鸣。

论文结构清晰,逻辑连贯,文章从"子一代"的视角出发,详细分析了"新东北作家群"作品中的工人阶级形象、写作背景及其文化意义。各部分之间逻辑紧密,层层递进,使读者能够清晰地理解作者的观点。文章引用了丰富的理论资源,如对工人阶级书写的社会背景分析、对"子一代"视角的理论阐释等,为研究提供了坚实的理论基础。文章通过对具体作品的深入分析,展示了"新东北作家群"作品中的独特风格和文化内涵。这种分析不仅有助于理解作品本身,也为研究提供了丰富的例证。

末世图景、数字生命与存在之思
——刘宇昆"末日三部曲"的后人类书写

周雨翔*

摘要：刘宇昆的科幻作品"末日三部曲"中的后人类书写极具挖掘空间，主要集中于三个方面。第一，对末世图景建构的后人类格局主要集中在新闻、奇点以及对过去历史的不断回顾。第二，描绘上载意识的概念和科玄并置的架构都极具新意和阐释空间。第三，在人类与后人类之间的中间状态，从情感、性别与希望这三个维度思考人是何以为人。总体而言，"末日三部曲"的后人类书写，表面上虽是慌乱与破败的图景，实则饱含着对未来的憧憬和深沉的后人类哲思。

关键词：后人类；"末日三部曲"；刘宇昆；数字生命；科幻小说

刘宇昆是美籍华人，刘慈欣《三体》的英译者，他还有一个身份——科幻作家，他曾连续获得科幻文学领域的国际最高奖项"雨果奖""星云奖"。2022年，他的科幻小说"末日三部曲"(《解枷神灵》《天堂战争》和《死得其所》)系列被改编拍摄为动画剧集《万神殿》，广受好评。国内学术界目前对刘宇昆的关注更多在刘慈欣《三体》英译的贡献，对他的科幻作品的研究，尤其是"末日三部曲"较少关注①。

---

* 周雨翔，男，暨南大学文学院2023级硕士研究生，研究方向为文艺学。

① 有关刘宇昆科幻小说的研究，目前国内的研究论著主要分为三类：第一类是对于刘宇昆创作成就的概述，且特别关注他的华裔身份，此类论著可参见刘汉波《当代美国华裔科幻小说中的中国想象》(《民族文学研究》2018年第5期)、罗峰《"中国风"中的奇幻与温情——美国华裔作家刘宇昆的科幻小说创作》(《外国文学动态》2013年第5期)；第二类是对于刘宇昆小说科幻写作特点的分析，可参见王雨童《尚未陨落的未来：浅谈刘宇昆的科幻叙事伦理》(《文艺论坛》2019年第5期)、谢尚发《想象的未来学——刘宇昆科幻小说的"算法"》(《当代文坛》2018年第3期)、游澜在《在科技与人文之间——刘宇昆科幻小说论》(《当代作家评论》2020年第3期)；第三类是对于刘宇昆单部或系列作品的具体文本分析，其中肖薇的《从去身化到具身化的反思——刘宇昆科幻小说"未来三部曲"中的现实主义与反乌托邦》(《广西社会科学》2019年第3期)和彭超的《刘宇昆科幻小说"未来三部曲"中的身体想象》（转下页）

"末日三部曲"的三部小说中,《解枷神灵》可以看作是序幕,《天堂战争》可以看作是发展与高潮,《死得其所》可以看作是尾声。"末日三部曲"讲述了这样一个故事:和母亲相依为命的麦蒂在校园受到霸凌,电脑中只发表情符号的未知 ID 利用网络技术离间了欺负麦蒂的女孩们,帮麦蒂整治了欺负她的人,从而麦蒂和母亲意识到了父亲的重生。父亲的意识被上载到了机器之中,成了上载智能数字生命,而世界也因为陆续被上载的人类而变得失序和混乱了起来,麦蒂和父亲联手与那些数字神灵作战。她的父亲在这场"天堂战争"中死去,但父亲却在云端有了一个女儿——"迷雾",迷雾带领着麦蒂,在这片分崩离析的大陆上重新思考了数字生命的可行性,最终与麦蒂携手走向未来。文章从刘宇昆"末日三部曲"中的末世图景、数字生命与存在之思这三个方面,发掘刘宇昆科幻小说的价值。

一、末世图景:反思性的后人类格局

刘宇昆以女孩麦蒂为叙述视角,呈现出这个末日世界的动态,这主要从新闻、奇点与历史三个方面表现出来。

《解枷神灵》的开篇,是麦蒂对已经逝去的电脑工程师爸爸戴维的怀念。麦蒂睹物思人,看到爸爸生前为她建立的新闻汇总不断更新着"今日头条":"市场混乱,疑似高速交易算法所致;五角大楼暗示,无人机将同人类驾驶员竞争上岗;奇点协会宣布实现永生的时间进度;研究人员担心神秘电脑病毒可能从扬声器感染麦克风。"[①]在这第一组精选新闻中,刘宇昆末日三部曲的世界观已经基本定格:这是一个科学技术极其发达却又暗藏动荡不安并寻求永生这一解决之道的世界。

随后,麦蒂和妈妈得知爸爸被上载意识成了数字生命。她们从逻辑节奏公司要走了装着爸爸意识的机器,爸爸再次通过邮箱为麦蒂提供新闻:"隐士国王的领袖宣称要寻求数字化永生;五角大楼否认利用过世的将军创造'超级军事

(接上页)《文化研究》2022 年第 1 期)聚焦于刘宇昆的"未来三部曲"(《迦太基玫瑰》《奇点遗民》和《世外桃源》),卞梦薇的《论神话思维与科幻品格之融合》(《浙江师范大学学报(社会科学版)》2014 年第 5 期))聚焦于刘宇昆的《人之涛》。此外,在刘欣和陆蓓蓓的《"后人类"身体的嬗变及其媒介性——基于中国科幻文艺的考察》(《南京邮电大学学报(社会科学版)》2021 年第 1 期)在阐释"后人类"身体的嬗变时对"末日三部曲"的第一部《解枷神灵》有所提及。

① [美]刘宇昆:《奇点遗民》,耿辉译,中信出版集团 2017 年版,第 300 页。

家'这一项目的谣言;独裁者死去一年之后,暴政仍在继续;研究者声称新型核电厂维护程序将使大多数人类监管变得多余。"①在这一组中,用过世的将军创造"超级军事家",以及独裁者死去之后的持续暴政这两条新闻,联系麦蒂爸爸的经历,不难看出,独裁者和将军也都被数字化永生了。由此,开篇第一组新闻的神秘电脑病毒的起源谜题也渐渐揭晓——他们都是机器中的神灵。

新闻贯穿了整个"末日三部曲",暗流涌动的危机感也在新闻之中形成一种潜在的张力,"奇点"则是让这个张力"失爆"的节点。何为奇点?雷·库兹威尔(Ray Kurzweil)在《奇点临近》中描绘到:"奇点是未来的一个时期:技术变革的节奏如此迅速,其所带来的影响如此深远,人类的生活将不可避免地发生改变。奇点临近暗含一个重要思想:人类创造技术的节奏正在加速,技术的力量也正以指数级的速度在增长。"②

"奇点"这个概念不止一次地出现在刘宇昆的小说之中,"奇点"是刘宇昆反复提及的重要时间背景。在"奇点"这个科学技术突飞猛进的节点,人类发明了数字永生的技术,整个世界的观念发生了巨大的变化,却并未让这个世界变得美好,技术的泛滥反而使得世界变得越发破败和慌乱起来。在《解枷神灵》的末尾,刘宇昆借麦蒂之口表述人类的行径:"所有这些公司、军事机构、他国政府——他们正在玩火。他们以为可以秘密地将旗下的天才和不可替代的人力资源数字化。被数字化的对象迟早会厌烦一成不变地充当有意识缺陷的工具,厌恶服务于令他们重获数字生命的那些人。后来他们认识到自身能力已经被技术无限放大,其中有人想要同人类开战,毁掉一切,令所有无关于己的电子芯片都失效。"③人类利用技术,创造出解脱了枷锁的数字神灵,开启了意料之外的"天堂战争","某些人工智慧处于对国家主义的热衷而相互争斗,希望整垮敌人的国家体系和经济,并以此作为终极战争的第一枪。还有些人工智慧对于自己曾经受到创造者的奴役而感到深恶痛绝,从而致力于终结现行社会,并在云端建立一个技术乌托邦。在黑暗的网络空间,他们打着虚假旗帜进行数码战争,打击至关重要的基础设施,妄图挑动不安定国家真刀真枪地打起来"④。而这也造成了"数百万人已经死去,还有数百万人将会被如失控过山车一般按各自轨迹席卷各国的战争夺去生命"⑤。

---

① [美]刘宇昆:《奇点遗民》,耿辉译,中信出版集团2017年版,第319页。
② [美]Ray Kurzweil:《奇点临近》,李庆诚、董振华、田源译,山东人民出版社2011年版,第1页。
③ [美]刘宇昆:《奇点遗民》,耿辉译,中信出版集团,2017年版,第322页。
④ 同上,第330页。
⑤ 同上,第340页。

野心与私欲,在"奇点"之下被数倍放大,成了世界混乱与破败的帮凶。

互联网时代因为"天堂战争"而彻底一去不复返,在政府招募重建志愿者时,麦蒂的妈妈应征,并说作为历史学家需要告诉人们以前的事情是如何运作的。麦蒂的妈妈,代表了刘宇昆对过去的历史进行一种重新的考古学的挖掘与审思。麦蒂妈妈的讲述,"一切都是层层发展的,印第安人的土路上有了开拓者的马车车辙,随后19世纪需要通行权的铁路在此之上修建,最后同样的途径上才出现组成的互联网的光纤。世界开始分崩离析,也是一层接一层的。我们正在剥离'现在'的皮肤,生活在'过去'的骨头之上。"①技术的膨胀没有使得世界向前发展,反而给世界造成了灾难与倒退,她对这场灾难有了深沉的哲思——"从用石头和大棒打斗、用花环祭奠逝者的时代到现在,我们已经走过了很长的路。尽管取得了不少成就,可我们也许没有改变多少,技术赋予我们强大力量,让我们近乎天神,这有好处也有坏处。不变的人性可能产生绝望或带来安慰,这取决于个人的看法。"②

麦蒂妈妈的深思,体现了一种"奇点"之下的变动时期,夹在过去和未来之间左右彷徨的迷茫。人类需要审思历史,自从科学代替了宗教的遮蔽,我们脑海里总潜藏着一种线性进步的历史观:随着科技的发展,人类世界会因为科学技术而变得越来越美好,这种唯科学论很明显是将科学给神化了。就像阿多诺、霍克海默所言:"被启蒙摧毁的神话,却是启蒙自身的产物。"③启蒙以来科学技术原先是为了祛魅,但科学如今成了某种权威。回望过去,过去的断裂与伤痛到如今依旧上演着,不管技术发展得多日新月异,人性几千年来是永恒不变的。

二、上载意识:数字生命对"非人"的对抗与超越

早在20世纪60年代,传播学者麦克卢汉就作了一个预言:"一切媒介均是感官的延伸。"④如果说望远镜是视觉的延伸,电话是听觉的延伸,自行车、汽车等代步工具是人的腿部的延伸,那么具有高速计算力的电脑机器便是人思维意识的延伸。20世纪80年代,人工智能思想家莫拉维克等人提出莫拉维克悖论——反传统假设,他们认为人类所独有的高阶智慧能力只需要非常少的计算

---

① [美]刘宇昆:《奇点遗民》,耿辉译,中信出版集团2017年版,第341页。
② 同上,第341—342页。
③ [德]霍克海默、阿多诺:《启蒙辩证法——哲学断片》,渠敬东、曹卫东译,上海人民出版社2006年版,第5页。
④ [加]麦克卢汉:《理解媒介:论人的延伸》,何道宽译,译林出版社2011年版,第33页。

能力,例如推理,但是无意识的技能和直觉却需要极大的运算能力——要让电脑如成人般地下棋是相对容易的,但是要让电脑有如一岁小孩般的感知和行动能力却是相当困难甚至是不可能的。莫拉维克悖论证明了计算机极其可以成为人类意识的储存器。后现代哲学家利奥塔在他1986年的演讲《如果思想可以摆脱身体》中也提出了一种没有身体的设想:"让一种摆脱身体的思想成为可能,这种思想在人身体死亡后继续存在。正是以此代价,爆炸还是可思考的,而且太阳的灭亡是一种正如文明所认识的死亡的灭亡。但是,没有身体,在准确的意义上说就是:没有复杂的、地球的、以人体之名而被认识的活有机体。显然不是没有硬件。"①

麦克卢汉、莫拉维克和利奥塔的推理与论述在刘宇昆"末日三部曲"的上载意识成为数字生命的虚构设想里成为了一种文本观照。数字生命是"末日三部曲"造成末世图景的原因之所在,也是刘宇昆在小说中极力展现的一种后人类书写。

在《解枷神灵》中,麦蒂爸爸戴维在得了不治之症后被节奏逻辑公司上载,但最初目的只是把他当作赚钱的工具,只提取了他作为顶级工程师的技术专长,且在云端中不像人一样会疲惫,人被上载并作为赚钱工具的算法即是人在后人类处境下异化的极致突显。戴维获得了人格之后,他重新"活"了过来,找寻麦蒂和他的妻子也成了他的迫切目标。

利奥塔在他的散文集《非人:漫谈时间》的前言表露过一种双重猜疑:"一方面,人道主义意义上说的人是否在以窘迫的方式变成非人?另一方面,人之'本'是否就在于人身上住着非人?"②第一个疑问是结构主义式的"非人",社会结构使人异化变成工具。第二个疑问是形而上学式抽象概念的"非人",更多指涉艺术的"非人"。拥有普遍价值的"人"与艺术的"非人"是相对而言的,被赋予普遍价值的"人"早已远离人的现实存在,沦落为人的"虚构之物",即"非人",而艺术因其非理性的特性,得以使自己站在人文主义的窠臼之外,因而拥有"非人"力量,可以将虚幻的"人"进行解蔽,以呈现本真的"人"③。艺术的"非人",即是指利奥塔所言的"人之本就在于人身上住着非人"。艺术向来是反异化、反机械、具有创新与灵性的,人的感性抵抗着人的工具化。

同样地,戴维在云端对抗着曾经的被异化的"非人"的自己,对家人的迫切

---

① [法]利奥塔:《非人:漫谈时间》,夏小燕译,西南师范大学出版社2019年版,第21页。
② 同上,第6页。
③ 王秀芬:《艺术的"非人"与理性主义的"非人"——对利奥塔〈论人〉中两个"非人"概念的解读》,《渤海大学学报(哲学社会科学版)》2018年第5期。

寻找也是戴维自己的人之为人的存在的印记。技术和人格，前者是人生存的技艺，是偏向理性的"非人"，后者是人生存的痕迹，是作为感性的"非人"。两种"非人"状态相互交织，在上载意识这样的实验场域内放大，实现了对"非人"的对抗与超越。

刘宇昆最为强调的是上载智能中感性与情感的部分，例如他对麦蒂进入数字世界后对数字建模的兔子的抚摸感受的描绘："五颜六色的野花点缀着翠绿的田野，毛茸茸的白兔在草丛间四处跳跃，欢快地嚼着蒲公英……麦蒂蹲在那只兔子旁边抚摸它。兔子没有动，只是用占据三分之一的脸颊的棕色大眼睛盯着麦蒂，目光平静如水。"[1]在上载智能所处的无限展延的数字空间中，刘宇昆敞开对"感受"这种要素的关注。情感活着，它在各瞬间彼此渗透的绵延。

利奥塔所认为的人之本在于人身上存在着"非人"的这种人的自反性在上载智能这一特殊的情景中有充分的体现。从外在形式上看，机器的躯壳与人的灵魂交融本身是一层自反；从内在维度看，对理念世界的追求与对感性生活的强调，也是感性与理性相悖交织且最终超越理性（尤其是工具理性）的自反。在这种双重自反性下，从而指向上载意识对"非人"的对抗与超越，在刘宇昆的笔下也仍是肯定上载意识的"人"的维度。

三、数字生命与数"智"人类：走向科玄并置

科玄并置[2]在20世纪的影视作品里就具有端倪。美国电影大师库布里克1968年上映的电影《2001太空漫游》英文名为"2001：A Space Odyssey"，"Odyssey"即是指具有神话传奇色彩的荷马史诗《奥德赛》，库布里克显然是用特洛伊战争英雄奥德修斯的航海归家故事作为他科幻电影的隐喻。在"科玄并置"的场域下，科技是作为人类理性精神的结晶，神话则作为感性的想象的空间，两者交织在一起，共同构成了一种不同于其他文学题材的奇观：将文学的想象性发挥到极致不得不借助神话，但科幻文学又以一定的逻辑推算的科学知识为依据，这样的在真实与虚幻之间的看似悖论的矛盾之下，毫无疑问有了一种突出的张力。科玄并置的科幻文学的叙事模式下，科技水平发展到极致的历史场景也

---

[1] ［美］刘宇昆：《奇点遗民》，耿辉译，中信出版集团2017年版，第325页。
[2] "科玄并置"这一术语来源于当代艺术人类学论坛第35期四川大学徐新建教授讲座"文学人类学的问题、路径与前沿"。

是一个新的极端化的讽刺场域的建构,往往构成一种"大局面反讽"①,"科玄并置"既是当下的反思,也是未来的先声,最大限度地扩展了文本的"复调"效果。

《解枷神灵》《天堂战争》以及《死得其所》的英文原名分别是"the gods will not be chained""the gods will not be slain"和"the gods have not died in vain","the gods"即是指那上载到机器的数字生命们。从英文可以看出,刘宇昆排比地将"the gods"作为他科幻小说标题的主语,他把科幻书写与神话并置在了一起。刘宇昆在末日三部曲中反复地将上载的数字生命称为"数字神灵"。在 2022 年 9 月,由刘宇昆"末日三部曲"改编的科幻动画剧集《万神殿》(Pantheon)上映(刘宇昆也是本部动画的编剧之一)。科玄并置的色彩在动画取名上便可见一斑:万神殿即为潘提翁神殿,是古罗马时期的建筑,用以供奉奥林匹亚山上诸神。动画的第一集开篇便是麦蒂的中学老师讲授希腊罗马神话的知识(见图 1),而麦蒂的电脑上贴的则是《新世纪福音战士》中"NERV"的标志(见图 2),这也展现出了数字生命与神话神灵的相似性转喻色彩。

图1②

图2③

四、情感、性别与希望:在人类与后人类之间的存在之思

在节奏逻辑公司的老板韦克斯曼的描述中,他们上载麦蒂爸爸意识到机器中经历了两个阶段。在他们对麦蒂爸爸进行深度脑扫描后,一开始只载入了他

---

① 赵毅衡所提出的概念,是作为实践的反讽。与文学作品使用的情景反讽相似,但规模巨大且在历史规模上才能理解,例如为了控制人口曾经厉行的一胎政策、为了追求 GDP 而造成的环境污染等。
② 图片来自《万神殿》第一集第 31 秒。
③ 图片来自《万神殿》第一集第 1 分 1 秒。右边方框为笔者后期修图所加,意在强调电脑上的"NERV"标志。

作为电脑工程师的思维模式,但却在算法中常常出现错误;随后,他们意识到大脑是一个有机的不可分割的整体,于是将麦蒂爸爸在机器中的技术意识的基础上添加了完整的人格意识。麦蒂言,"你们还低估了爸爸爱的力量",在麦蒂爸爸获得了人格意识之后,他便迫切地去找寻女儿,麦蒂妈妈也是看到了爸爸写的诗,想起他们结婚恋爱时的场景,立刻认出了云端里的他。情感是整个故事的驱动力。

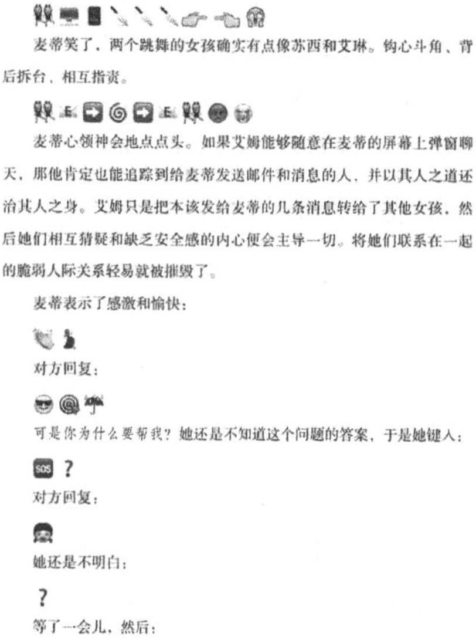

大量表情符号的运用(见图3)也是"末日三部曲"极具特色的一点。语言文字的运用往往不能很好地传递出主观情感,还要经过一系列编码解码的过程方才能会意,而表情符号是面部表情的模拟与再现,可以更直观地传达出说话人的状态与心情。

麦蒂笑了,两个跳舞的女孩确实有点像苏西和艾琳。钩心斗角、背后拆台,相互指责。

麦蒂心领神会地点点头。如果艾姆能够随意在麦蒂的屏幕上弹窗聊天,那他肯定也能追踪到给麦蒂发送邮件和消息的人,并以其人之道还治其人之身。艾姆也是把本该发给麦蒂的几条消息转给了其他女孩,然后她们相互猜疑和缺乏安全感的内心便会主导一切。将她们联系在一起的脆弱人际关系轻易就被推毁了。

麦蒂表示了感激和愉快:

对方回复:

可是你为什么要帮我?她还是不知道这个问题的答案,于是她键入:

对方回复:

她还是不明白:

等了一会儿,然后:

图3①

在《万神殿》中,除了麦蒂一家,劳丽·洛威尔和钱达这两位也增加了情感维度。在证券公司工作的劳丽·洛威尔有极其出色的业绩,但却因为忙碌的工作忽视了和画家男友的情感需求,在她被证券公司暗中上载至机器后,与男友生活的快乐与争吵唤醒了她,她也见到了疯狂找寻她的男友。发明家钱达被公司设计陷害被迫上载到机器之中,如复一日地如奴隶般为公司劳作,但在机器里的他总听到妈妈打来的电话,在妈妈的一句句慰问声中,他也终于复苏了自我意识,不再做数字劳工,冲破拘禁他的数字枷锁。作为编剧的刘宇昆,使得"末日三部曲"的每一个人物在影视中都更为立体,情感是他们存在的证明。

"永生公司宣布'数字亚当'计划。"②这是麦蒂所收到的最后一条新闻。亚当·艾佛是永生公司的创始人,"亚当"二字毫无疑问象征着人类通过数字生命重新繁衍生息,预示着新的希望,而希望的潜台词便是向往未来。而这希望之中,更含有一种性别的沉思。在创世神话中,亚当与夏娃是人类的祖先,但夏娃

---

① [美]刘宇昆:《奇点遗民》,耿辉译,中信出版集团2017年版,第285页。
② 同上,第369页。

却是由亚当的肋骨生长出来的,其中是一种男性中心话语的表现:历史是由男性创造的。但纵观后人类影视文本,我们会发现,女性作为引领者或力量主体的情况极其常见:《降临》里代表全人类和外星人沟通交流对话的语言学家路易斯是女性,《超体》中因意外服用CPH4使得自己的大脑逐渐开发到百分之百感受到呼吸、空间乃至地球的脉动的露西也是女性,而《超体》英文名叫Lucy,女主角叫Lucy。我们不难发现,以男性文化为主导的现代性的发展已经出现了形形色色的问题,又通过性别进行突围也正饱含着一种生命的希望(女性生理特征与孕育生命相联系,新生生命作为隐喻,也是一种希望之所在)。在《死得其所》的最后,戴维的两个女儿:现实世界的女儿麦蒂和云端中诞生的女儿迷雾约定好互相照应,刘宇昆用饱含温情与希望的文字为"末日三部曲"点上了结尾:"人类和后人类,姐妹俩在黑暗中拉着手,等待新一天的到来。"①

五、总结

在刘宇昆的小说中,我们看到的不仅仅是科幻,更是科幻背后的人与人之间真切的情感。不管科学技术怎么发展,人性是永恒不变的——而这也是我们人之为人更需要关注的。科幻小说理应像是一枚人性的试验场与放大镜——在一个特殊的场域里,将我们的情感、我们的忧患在一个全新的环境下以一种不同的媒介方式去展现,既为即将到来的未来做好准备,也对此刻的生活进行"他者"化的参照和审视。

凯瑟琳在《我们何以称为后人类》中说:"尽管一些流行的说法认为后人类是反人性和毁灭性的,但是我们可以精心勾勒另一幅有助于人类以及其他生命形式长期生存的图景。对于其他生命形式,不管是生物的和人工的,我们都愿意同他们共享这个星球甚至我们自己。"②

参考文献:

[1] [美] 刘宇昆.奇点遗民[M]. 耿辉译,北京:中信出版集团,2017年.

---

① [美] 刘宇昆:《奇点遗民》,耿辉译,中信出版集团2017年版,第375页。
② [美] 凯瑟琳·海勒:《我们何以成为后人类:文学、信息科学和控制论中的虚拟身体》,刘宇清译,北京大学出版社2017年版,第394页。

［2］［美］RAY KURZWEIL.奇点临近［M］.李庆诚,董振华,田源,译.济南：山东人民出版社,2011.

［3］［德］霍克海默,阿多诺.启蒙辩证法——哲学断片［M］.渠敬东,曹卫东,译.上海：上海人民出版社,2006.

［4］［加］麦克卢汉.理解媒介：论人的延伸［M］.何道宽,译.南京：译林出版社,2011.

［5］［法］利奥塔.非人：漫谈时间［M］.夏小燕,译.重庆：西南师范大学出版社,2019.

［6］王秀芬.艺术的"非人"与理性主义的"非人"——对利奥塔〈论人〉中两个"非人"概念的解读［J］.渤海大学学报（哲学社会科学版）,2018(5).

［7］王峰.从人类主义美学转向人工智能美学——基于康德美学架构的批判性考察［J］.学术研究,2022(7).

［8］王峰.人工智能需要"灵魂"吗——由大语言模型引发的可能性及质疑［J］.上海师范大学学报（哲学社会科学版）,2023(2).

［9］汪民安.身体,空间与后现代性［M］.南京：江苏人民出版社,2006.

［10］［德］尼采.查拉图斯特拉如是说［M］.钱春绮,译.北京：生活·读书·新知三联书店,2014.

［11］叶舒宪.原型批评的理论与方法［M］.西安：陕西师范大学出版总社,2018.

［12］徐新建.数智时代的文学幻想——从文学人类学出发的观察思考［J］.文学人类学研究,2019(1).

［13］［美］唐娜·哈拉维.类人猿、赛博格和女人——自然的重塑［M］.陈静,译.郑州：河南人民出版社,2016.

［14］［美］凯瑟琳·海勒.我们何以成为后人类：文学、信息科学和控制论中的虚拟身体［M］.刘宇清,译.北京：北京大学出版社,2017.

 点评

作者深入剖析了刘宇昆"末日三部曲"中的后人类书写,从末世图景、数字生命与存在之思三个维度展开,论述逻辑清晰,结构条理分明。文章引用丰富,涵盖了刘宇昆作品及相关理论支撑,确保了研究的深度和广度,同时也体现了作者对研究领域的熟悉和尊重。

作者不仅详细阐述了刘宇昆作品中的科幻元素,还深入挖掘了其背后的哲学思考,展现了作品的深刻内涵。

低碳目标下的智慧图书馆绿色发展策略[①]

李嘉欣[*]

摘要：低碳是智慧图书馆的建设目标之一，作为国家公共机构的重要组成部分，图书馆肩负着促进环境可持续发展的责任。利用环境物联网、绿色云计算与大数据技术构建支撑智慧图书馆绿色发展的数据中台，并对其具体应用展开详细论述。最后提出合理选择技术，防止隐私泄露；按需利用技术，拒绝资源浪费；引入新兴技术，探寻"开源"之路三点展望，旨在为智慧图书馆实现低碳目标提供参考。

关键词：智慧图书馆；低碳；数据中台；物联网；云计算；大数据

引言

为应对气候变化给人类社会的生存和发展带来的挑战，2020年9月22日，习近平主席在第七十五届联合国大会一般性辩论上向世界宣布：中国将提高国家自主贡献力度，采取更加有力的政策和措施，二氧化碳排放力争于2030年前达到峰值，努力争取2060年前实现碳中和。公共机构在推进我国实现"双碳"目标中扮演着重要角色，而图书馆作为公共机构的组成部分，需要走绿色图书馆道路，践行低碳环保理念，为实现"双碳"目标贡献力量。

随着全球第三次信息浪潮的出现，图书馆也从自动化、数字化逐步过渡至智慧化发展阶段，智慧图书馆这一新形态应运而生。智慧图书馆以第三次信息浪潮中涌现的新兴技术为基础，在5G、人工智能、区块链、云计算、大数据等技术的

[①] 《低碳目标下的智慧图书馆绿色发展策略》，载《科技资讯》2024年第14期。收入本书时略有修改。

[*] 李嘉欣，女，上海大学文化遗产与信息管理学院2022级硕士研究生，研究方向为图书馆建设。

基础上为用户提供个性化智慧服务[1]。然而在智慧图书馆繁荣发展的趋势背后,图书馆员需意识到新兴技术在赋能图书馆提供高水平服务的同时,也使图书馆的能耗不断升级。因此,研究从智慧图书馆的技术特点出发,寻求图书馆在技术应用与绿色发展之间的平衡点,尝试探索一条智慧的绿色发展道路。构建促进实现低碳目标的数据中台,梳理其中可用于降低能耗、改善环境的信息技术,并对未来智慧图书馆的绿色发展提出展望。

一、文献回顾

在国内,2011年,王世伟首次提出智慧图书馆具有绿色特征,表明绿色发展是智慧图书馆的本质追求,图书馆可从自然、环保和安全等角度实施绿色发展[2]。随后不断有学者强调智慧图书馆的绿色属性,刘丽斌将可持续发展作为智慧图书馆的指导思想,提倡低消耗、无污染,合理利用自然资源,保护生态环境,追求人文、自然、健康与和谐[3]。秦殿启等提出智慧图书馆需建构生态文化,坚持绿色发展、协调发展、可持续发展[4]。对于智慧图书馆开展绿色发展的具体措施,现有文献主要从技术应用、空间建设以及环境素养教育三个角度展开论述。在技术应用方面,张秀华利用物联网技术构建包括灯控系统、温控系统、新风系统和环境监测系统的智能节能系统,以增强图书馆的感知化和智能化程度[5]。汤尚等提出图书馆可基于5G、物联网及智能感知技术,对图书馆空间进行智能动态调节,促进读者绿色阅读和图书馆节能减排绿色管理[6]。任萍萍的研究认为构建智能传感与测试计量系统,实现对图书馆整体能耗水平的可视化精细管理,从而提升其运行效能[7]。在空间建设方面,秦殿启指出智慧图书馆需秉承节约、绿色、开放、共享的理念设计图书空间布局,建造生态型建筑[8]。陈丽冰从可持续发展的角度提出智慧图书馆需建设智慧场所,采用废物管理、减少污染等措施对可持续发展和生物多样性作出贡献[9]。在环境素养教育方面,冯昌扬提倡图书馆通过提供智慧服务唤醒人们的生态环保意识,使乡村居民学习、接受、践行生态文化,从而推动乡村生态振兴[10]。

国外研究方面,与智慧图书馆绿色发展相关的文献大多从技术应用角度展开研究。如JAYALAKSHMI C等提出利用智能技术打造绿色图书馆,通过智慧手段节约馆内能源,实现绿色发展[11]。HOY M B认为智慧图书馆需应用智能建筑技术如通过使用新型节能LED灯、安装传感器、构建建筑仪表板等,节省运行能耗[12]。除了针对技术应用的研究,国外部分文献讨论智慧图书馆绿色发展中的空间建设。Joachim Schoepfel 提出智慧图书馆需结合绿色图书馆和第三空间理念建设智慧空间,促进环境可持续发展[13]。

二、智慧图书馆的绿色发展策略

智慧图书馆的运行伴随着海量用户、资源和空间数据的产生,为高效管理图书馆,作出合理决策,云计算是计算和存储数据的必要工具。研究选取物联网、云计算与大数据三种基础技术用于解决智慧图书馆的绿色发展问题,中台具有节约成本、灵活易管的特点[14],与图书馆的绿色发展理念相符,笔者借鉴中台概念整合以上三类技术,构建与智慧图书馆绿色发展相关的数据中台,旨在为智慧图书馆实现低碳目标提供参考。

（一）构建智慧图书馆绿色数据中台

"中台"的概念最初由芬兰赫尔辛基的游戏公司 Supercell 提出,早期被运用于阿里巴巴、腾讯、百度等互联网公司。

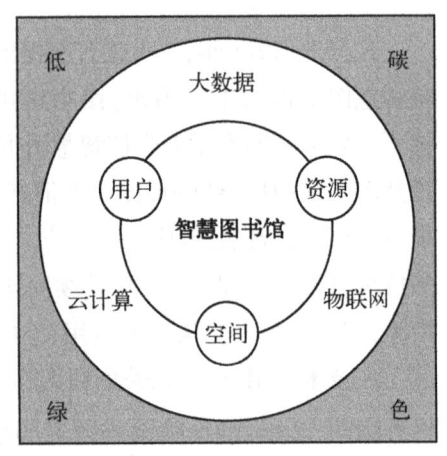

图1 智慧图书馆绿色低碳支撑技术图

中台采集海量数据形成大数据资产层,在简化后台的同时,增强前台的敏捷性,能够实现数据的统一管理和广泛共享,其节约成本且灵活易管,与图书馆的绿色发展理念相符。因此,智慧图书馆可借鉴中台概念,收集馆内环境数据和用户数据,搭建与绿色发展密切相关的数据交换平台。平台以绿色云计算等基础技术为支撑,用以实现环境条件的智能调节,馆藏资源的智慧推荐,以及馆内能耗的实时监测。其整体框架由数据汇集、数据处理、实际应用三层结构组成。

1. 数据汇集层

数据汇集层聚集与图书馆绿色发展相关的所有环境数据和用户数据。其中环境数据包括照明、温度和空气数据,均由设置在馆内各处的环境传感器采集。用户数据中,用户在馆内的行动数据由红外传感器采集,其他数据如用户进出馆数据、借阅数据等,分别从图书馆门禁系统、图书借阅系统等多种渠道抓取。

2. 数据管理层

数据处理层通过数据清洗、分层、计算、脱敏等步骤,对汇集层的馆藏、用户及行为数据进行规范化处理,实现数据格式的标准统一。将多元异构数据整合为同构数据,为后期的数据共享及智慧服务提供原料。

3. 应用服务层

处理后的数据即可投入馆内实际应用,其中传感器采集的环境数据和用户行动数据将用于环境物联网的构建,实现照明、温度与空气条件的智能调节,在节约能源的前提下营造舒适的馆内环境。从各系统抓取的用户数据将被用于构建用户画像,图书馆根据画像为用户提供个性化推荐服务。此外,环境数据也将被用于搭建实时监测馆内能耗情况的大数据平台,为馆员的管理决策提供事实依据。

(二)数据中台的支撑体系

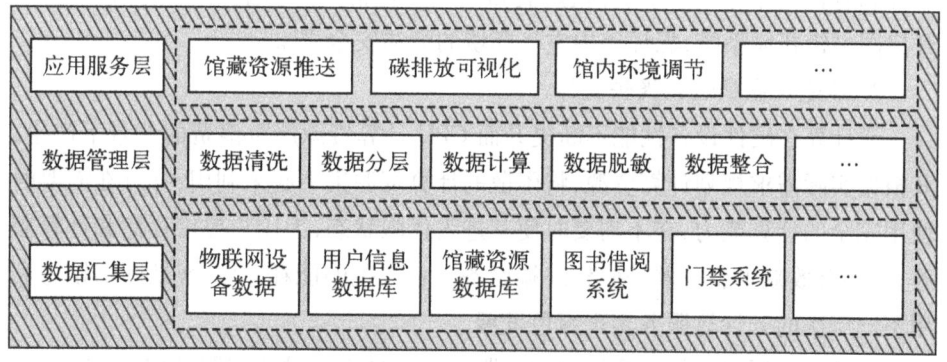

图 2　智慧图书馆绿色数据中台架构图

1. 构建环境物联网汇集数据

物联网技术在图书馆的应用形式主要包括射频识别技术(Radio Frequency Identification,RFID)和无线传感器。RFID 是一种非接触式的自动识别技术,通过射频信号自动识别目标并获取相关数据,用于馆藏管理、馆藏流通、安全防盗,能够节约人工,提升服务效率和质量[15]。

无线传感器收集馆内环境信息,对其进行存储、分析和控制,从而在提供舒适环境同时节约能源。图书馆中需要监测的环境信息主要有三类,分别是照明、温度和空气。利用物联网技术,图书馆可实现对馆内三类环境因素的实时监控与调节,从而减少不必要的能耗,达到绿色节能的效果。

对于照明,图书馆可根据空间功能的不同有针对性地设置感知设备。针对阅览室不同功能的空间分区,采取不同的光照控制策略。对于人群短暂停留的书架区域设置红外传感器进行感应取电,对于室内背景灯则采用光照传感器和红外传感器,监控不同区域的光照强度和人群密度,根据实际情况选择开启或关闭照明灯,从而达到节能的目的[16]。除了对人工照明的控制,图书馆也可通过监测自然光强度,智能调节窗帘的开启程度,实现对自然光的合理利用。通过降低图书馆对人工照明的依赖程度,达到节能减排的目的。

对于温度,图书馆根据自身空间设计特点,在适当位置设置温度传感器,实时监控各区域温度,并根据监控信息对空调进行智能调节。图书馆可设计温湿度监测系统,将传感器设置于馆内,使其通过收集和处理信息,智能调节温湿度环境,完成与环境间的定期交互[17]。

对于空气,在馆内设置空气质量检测管理系统,实时采集 CO_2、$PM_{2.5}$、PM_{10}、甲醛和有害气体等气体浓度信息,监测空气质量情况。当空气质量异常时自动开启图书馆新风系统,保证馆内空气环境的清洁安全[18]。

2. 搭建云基础设施提供支撑

云计算在硬件设备性能不断提升而 CPU 计算资源严重浪费的背景下产生,其根据实际需求规划计算资源,将闲散的计算资源集中起来利用,并且在需要时使用完全的计算能力,在不需要时使其进入休眠状态,为用户提供存储和计算服务,能够有效减少服务器、网络、终端设备三者产生的能耗[19]。智慧图书馆可利用不同层次的云计算服务实现绿色发展。

云计算为用户提供三个层次的云服务。一是基础设施即服务(Infrastructure as a Service,IaaS),将底层计算资源提供给用户,用户可在不自行购买服务器、存储设备等硬件设施的条件下使用其提供的基础设施。二是平台即服务(Planform as a Service,PaaS),将应用程序的应用环境以服务的形式提供给用户,用户可借助服务提供的平台进行程序开发。三是软件即服务(Software as a Service,SaaS),将软件提供给用户,用户可直接使用软件功能。其中 IaaS 作为最基础的服务在节省成本方面表现最佳,由于 IaaS 对硬件设施要求较低,图书馆可根据实际情况改造升级现有设备,对其充分利用,从而降低设备购入成本。图书馆在重新整合、虚拟化基础设施后,对其进行集中管理,不仅降低运行、维护设施的成本,而且节省管理时所需的人力。目前国内的中小型图书馆由于资金有限,无法购入基础设备,通常选择 IaaS[20]。智慧图书馆的建设需要大量资金投入,在初始建设阶段可借鉴中小型图书馆的建设思路,通过 IaaS 使用云内基础设施,在后期完善过程中探索 IaaS、PaaS 和 SaaS 的交叉应用,遵循循序渐进的建设原则,从而利用云计算实现更加可持续的绿色发展。

3. 开展大数据服务智慧降碳

(1)收集用户大数据,实现智慧化推荐服务。

互联网能耗的主要来源是信息检索和个人终端,云计算可以减少信息检索系统的固化能,用户检索行为的改变对减少能耗也起着重要作用[21]。智慧图书馆利用大数据技术向用户推荐可能感兴趣的馆藏资源,缩短用户检索信息所用时间,在提升图书馆服务水平的同时,也降低了检索过程产生的能耗。

(2)构建大数据平台,实时监测馆内能耗。

智慧图书馆需构建能耗监测大数据平台,通过对各类环境数据的收集、统计与可视化,帮助图书馆员掌握馆内能源消耗情况,针对性地解决当前工作中不利于环境保护的问题,并以平台数据为依据制定未来发展计划。

三、未来展望

(一)合理选择技术,防止隐私泄露

信息技术在为生活带来便利的同时,也增加了个人隐私泄露的风险。诚然,物联网、云计算与大数据技术为智慧图书馆的绿色发展提供了可靠工具,但在利用过程中,仍然存在用户隐私泄露的风险。为防止隐私泄露,需要智慧图书馆在利用技术时采取合理策略。物联网设备通常无人值守,其芯片不具有抵抗网络攻击能力,这使得其中涉及的用户个人信息面临被盗取的风险。针对该问题,图书馆需不断升级物联网系统和设备的安全等级,并加强对信息窃取等违法行为的监测力度[22]。在使用云计算技术时,图书馆可根据数据类型不同,个性化部署云基础设施。使用公有云托管图书馆各服务的小型应用程序,使用边缘云存储涉及隐私的用户个人信息,从而保证此类数据的安全[23]。

未来相关研究需重视智慧图书馆绿色发展中的用户隐私问题,一方面从技术角度探寻更加安全可靠,对外界攻击抵御力更强的技术手段;另一方面注意用户本身在隐私泄露问题中扮演的角色,从用户角度出发,研究其对于隐私披露与保护等话题的观点,从而构建更加安全可靠且人性化的隐私保护方案。

(二)按需利用技术,拒绝资源浪费

智慧图书馆应认清技术的工具角色,将绿色发展作为长期发展目标,考虑绿色发展如何通过技术手段实现,实现技术的按需利用。切忌单纯地将技术多等同于发展好,误入技术至上的陷阱,堆砌过多本不需要的技术,违背低碳发展的初衷。

以智慧图书馆绿色发展中的环境素养教育为例,智慧图书馆可利用自身技术优势,开展 VR/AR 环境素养教育。利用 VR/AR 技术开展环境素养教育能够提升图书馆用户及馆员的环境保护意识,从而促使他们在图书馆及其他场所中采取更绿色的行为方式,同时节约图书馆的人力资源。但不可否认的是,利用 VR/AR 技术开展环境素养教育成本高昂,未必是每个图书馆的最优选择。因此,智慧图书馆的绿色发展需谨慎考虑技术的利用,在充分调研、详细计划的前提下,按需购入相应设备。

(三) 引入新兴技术,探寻"开源"之路

笔者讨论的技术均从"节流"角度帮助智慧图书馆实现低碳目标,然而智慧图书馆的绿色化不仅需要"节流",而且应当重视"开源"工作。"开源节流"是实现低碳目标的核心要义,在技术利用过程中,结合"开源"与"节流"理念,才能真正实现可持续的绿色发展。

根据国内外图书馆已取得的成功经验,未来的智慧图书馆的资源开发可从光伏发电、雨水回收和废物循环利用等方面入手,助力智慧图书馆实现更符合低碳目标的自给自足。

四、结语

绿色发展不仅是智慧图书馆的本质追求,也是智慧图书馆顺应人类发展的应有责任。通过梳理促进智慧图书馆实现低碳目标的三类基础技术,并利用其构建与图书馆发展相关的数据中台,从理论上提出智慧图书馆绿色发展的解决方案。未来仍需结合各地图书馆的实际情况展开研究,在可行的条件下,将该理论方案应用于图书馆实际运行当中,探究其节能效果,为美丽中国建设贡献图书馆力量。

参考文献:

[1] 吴政.智慧图书馆的本质、特征与实现路径[J].国家图书馆学刊,2022,31(3):12-21.

[2] 王世伟.未来图书馆的新模式——智慧图书馆[J].图书馆建设,2011(12):1-5.

[3] 刘丽斌.智慧图书馆探析[J].图书馆建设,2013(3):87-89,94.

[4] 秦殿启,张玉玮.智慧图书馆文化图式[J].图书馆论坛,2022,42(1):80-90.

[5] 张秀华."智能+"时代图书馆智慧生态系统的研究与构建[J].图书馆学研究,2020(22):7-12,33.

[6] 汤尚,柳菁."5G+"时代图书馆智慧阅读服务新生态研究[J].图书馆工作与研究,2021(6):17-23.

[7] 任萍萍."云数智"融合视域下孪生图书馆应用情境模型与生态体系构建[J].情报理论与实践,2021,44(12):9,41-47.

[8] 秦殿启.新发展理念下智慧图书馆生态的图式建构[J].图书馆论坛,2023,43(10):66-76.

[9] 陈丽冰.智慧图书馆:价值内涵、主要困境与优化路径[J].图书馆,2023(2):19-25.

[10] 冯昌扬.乡村振兴战略背景下图书馆智慧服务:逻辑、模式与挑战[J].图书与情报,2022(1):101-108.

[11] JAYALAKSHMI C, SARANGAPANI R. Green Libraries by Using Smart Technology [C]// Proceedings of the 2017 International Conference on Smart Technologies for Smartnation(Smarttechcon). Bengaluru:IEEE, 2017: 1496-1499.

[12] HOY M B. Smart Buildings:An Introduction to the Library of the Future[J]. Medical reference services quarterly, 2016(3):326-331.

[13] SCHOPFEL J. Smart Libraries[J]. Infrastructures, 2018,3(4):43.

[14] 只莹莹.中台在国家图书馆的应用思考[J].图书馆论坛,2021,41(10):76-82.

[15] 陆亚红,李靖,施晓华.新技术环境下图书馆智能馆藏管理系统设计与构建[J].图书馆杂志,2021,40(9):48-53.

[16] 常峥斌,郑爱芳,张荣鉴,马宁.基于物联网技术的图书馆智能型一体化节能系统建设初探[J].图书情报工作,2013,57(21):91-94,118.

[17] GROSSMANN M, ILLIG S, MATEJKA C. Environmental Monitoring of Libraries with MonTreAL[C]// Kamps J. Research and Advanced Technology for Digital Libraries (TPDL 2017). Berlin:Springer-Verlag Berlin, 2017: 599-602.

[18] 毛文琪,瞿少成,赵亮,洪柏桦,曾佳慧.基于物联网的教室模糊AQI监测管理系统[J].电子测量技术,2021,44(3):160-164.

[19] 马丽萍.云计算环境下图书馆之机遇、挑战与未来展望[J].图书馆工作与研究,2016(5):29-33.

[20] 谢伟琳,虞为,陈俊鹏.我国图书馆云计算服务应用实践研究[J].数字图书馆论坛,2018,164(1):61-67.

[21] 洪霞.云计算环境下绿色信息检索系统的研究初探[J].图书馆界,2014(1):1-4.
[22] 武洪兴.基于物联网的智慧图书馆应用构想[J].图书馆工作与研究,2020(3):85-91.
[23] 李晓鸣,任思琪,薛尧予.图书馆智慧化转型的技术体系研究[J].图书馆,2022(2):82-88.

 点评

　　文章聚焦于智慧图书馆的绿色发展,紧扣"双碳"目标这一国家战略,探讨了图书馆如何通过技术手段实现低碳目标,选题具有很强的现实意义和前瞻性。

　　文章从引言、文献回顾、绿色发展策略到未来展望,结构完整,层次分明,逻辑清晰。各部分之间的过渡自然,使读者能够顺畅地理解作者的观点和论证过程。文章详细论述了物联网、云计算和大数据技术在智慧图书馆中的应用,并构建了绿色数据中台的具体框架,包括数据汇集、处理和应用服务三个层次。这种技术分析不仅具有理论深度,还提供了实际操作的参考价值。文章主要以理论分析和技术探讨为主,缺乏对实际案例的深入分析或实证研究。建议增加一些具体图书馆的实践案例,以增强研究的说服力。

高校图博档数字资源生态系统：治理逻辑及框架构建[①]

陶佳佳[*]

摘要：随着用户需求的驱动及信息技术的迭代更新，高校图书馆、博物馆和档案馆（LAM）的数字资源整合已被付诸实践。但在机构横向联系不紧密、资源组织和描述方式不统一、合作机制缺失、内生动力不足等问题。文章借鉴系统治理理论，构建高校LAM数字资源生态系统，纵向建立完善的资源描述体系和共享机制，横向加强机构之间的互信互惠，以期促进LAM数字资源生态系统和谐有序运行。

关键词：高校图博档；数字资源；生态系统；数据治理

《关于推进实施国家文化数字化战略的意见》强调，要推动公共图书馆、文化馆、博物馆等加强公共数字文化资源建设。高校图书馆、博物馆和档案馆（简称高校图博档）作为知识文化和信息资源的聚集地，具有数字资源整合的内在动力[1]。整合数字资源，能更好地契合用户的数字资源需求，促进知识传播和学术交流。但是，当前高校图博档数字资源整合存在较多瓶颈，如横向联系不紧密、资源组织和描述方式不统一、融合发展的内生动力不足等问题，面临管理主体分散、主体协同性差、资源整合度低等现实困境，未能形成可持续发展的数字资源生态系统。研究尝试借鉴生态学系统理论，构建高校图博档的数字资源建设。

---

① 原题《高校图档博数字资源生态系统：治理逻辑与框架构建》，载《河南图书馆学刊》2024年第12期。收入本书时略有修改。

* 陶佳佳，女，上海大学文化遗产与信息管理学院2021级硕士研究生，研究方向为信息资源建设。

一、文献回顾及现状调研

（一）文献回顾

有关高校图博档数字资源生态系统，国内外相关研究主要聚焦于资源整合、融合服务、组织管理等三个方面。

在资源整合方面，国外研究的有：介绍当代文化的虚拟档案馆，展示可扩展标记语言在高校图博档资源协作上的应用实践[2]；介绍 MOSC 项目如何利用 OAI‐PMH 工具，在博物馆、档案馆和图书馆之间建立广泛变化的元数据标准等[3]。Farneth 探讨了如何克服高校图博档在整合元数据方面的挑战[4]。Machidon 等提出通过人工智能、自然语言技术、网络服务和 API 集成系统提高 Europeana 数字文化遗产资源的可访问性和搜索准确性[5]。与国外相比，我国仍处于起步阶段。数字资源整合作为高校图博档一直以来的重要议题。针对数字资源整合存在的资源格式、载体、管理方式不统一以及知识产权风险等障碍，国内学者结合现代信息技术探索资源整合的发展策略[6—7]，如对比高校图博档数字资源的元数据整合方式、构建适合统一描述数字资源的本体等[8—9]。此外，部分学者对基于高校图博档的专题资源整合问题也进行了研究，如建设突发公共卫生事件数字资源、红色档案资源整合等[10—11]。

高校图博档融合服务方面，国外主要侧重探讨如何实现统一服务。如，Steven Buchanan 绘制了 LAM 机构的工作流程，探讨了数字领域的协作战略和框架建议[12]。国内学者如孔令芳等以浙江大学图书馆和艺术与考古博物馆为实践案例，介绍图书馆和博物馆在共同服务教学科研方面可开展的深度合作[13]；王巧玲总结了美国林肯总统图书馆与博物馆在信息、知识和文化创新等 3 个层面提供的融合服务[14]。也有学者在融合服务中嵌入最新的数字技术，如穆向阳等提出借助 VR、全息显示等技术，结合数字人文中的数字叙事理论，为用户提供包括空间沉浸、时间沉浸、情感沉浸在内的数字叙事服务[15]。

高校图博档协作管理方面，张卫东提出探索以校园/机构模式、社区模式以及项目化推动模式为主的多种合作模式[16]；张章提出了图书馆和博物馆合作由浅入深的 4 种模式，即互设分馆模式、项目合作模式、统一设计、延伸管理模式及身份转化模式[17]；赵生辉等提出了可以兼顾三方利益的 D‐LAM 战略框架[18]；王贵海等从价值共创的视角构建包括利益动力机制、利益考核机制在内的高校图博档利益平衡机制[19]。

(二) 现状调研

国外发达国家的高校图博档合作项目成果较为丰硕,主要表现为国家层面、洲际层面的合作项目。其中最著名的当属由美国国会图书馆主导开发的世界数字图书馆(World Digital Library),包罗了图书、档案、图像、视频等数字资源,并提供信息检索和主题浏览服务。澳大利亚国家图书馆于2008年推出的一站式搜索引擎Trove,整合了澳大利亚的文化遗产资源。英国Cornucopia项目收录了图书馆、博物馆和档案馆的馆藏资源,为用户提供检索和浏览服务。欧盟Europeana项目面向欧洲公众,推出了跨国图书馆、博物馆和档案馆的统一资源门户网站,整合来自各领域的数字资源。此外,佛罗里达档案馆、图书馆和博物馆资料出版项目(PLAMM),由佛罗里达州高校、图书馆、博物馆、档案馆等机构共同合作,整合该州各方面的数字资源。这些项目的成果丰硕,不仅推动了高校图博档的合作发展,也为其他国家和地区的合作提供了借鉴。

国内高校图博档协作融合起步较晚,但也取得了一些成果。中山大学于2018年成立文献与文化遗产管理部,创设图书馆、档案馆、博物馆(校史馆)"三馆一体化"的管理体制,构建文献文物保护、校史研究与文化传承相结合的平台,成为国内高校图博档融合发展的成功典范之一。青岛大学采用图书馆为主导、档案馆为主体的合作模式,搭建个性化的用户服务平台,整合档案与图书数字资源,实现了广大用户在各类设备上的访问[20]。

二、概念界定与理论基础

(一) 高校图博档数字资源生态系统

数字时代,信息技术为高校图博档资源聚合与服务提供了便利。借鉴生态学的生态系统概念,生态系统是指在一定空间内共同栖居的生物与其环境之间由于不断进行物质循环和能量流动而形成的统一整体[21]。高校图博档数字资源生态系统可界定为:在数字环境下图书馆、博物馆和档案馆与其环境因子共同作用,为用户提供服务而形成的复杂系统,包括环境生态因子、主体因子和客体因子三个主要组成部分。环境因子包括大环境和小环境,大环境的因子包括政治环境、经济环境、社会环境和文化环境,小环境的因子包括高校的政策、资金和人才等要素。主体因子包括高校图博档、用户及高校领导机构,客体因子是数字信息资源。

（二）整体性治理理论

整体性治理理论（Holistic Governance）最早源于西方，是为解决新的公共管理运动中存在的碎片化问题而提出的。整体性治理的内涵大致如下：以公民需求为导向，强调整体性结合，强调信息技术、目标与手段的关系，重视信任、责任感和制度化[22]。整体性治理以"整合、协作"为核心理念，以解决"碎片化"问题为导向[23]。此理论被应用到各行各业，在公共文化服务领域中也多被加以使用。

三、数字资源生态系统存在的"碎片化"

（一）主体"碎片化"

尽管高校图书馆、博物馆、档案馆在机构性质等方面存在诸多相似点，但大多在纵向上缺乏负责统筹管理的机构，容易形成三馆分立的情况。此外，高校图博档馆藏资源数据化政策步调不一，政策文件和业务流程规范不统一，致使了主体建设"碎片化"，缺乏整体设计和系统考虑，进而滋生多重管理、各自为政、协作乏力等问题，降低了治理的整体成效。

（二）协同"碎片化"

高校图博档往往各司其职，横向协同关联存在种种困境。一方面，各主体所拥有的资源总量、资源类别、技术水平、人员素质各不相同，一定程度上影响着高校图博档协同的程度和实际效果。另一方面高校图博档协作图书馆员的多方面素质要求更高，受馆员较为单一的专业背景及技能限制，存在三馆馆员沟通不畅、对话不足等问题，这也是协同碎片化的表现之一。

（三）资源"碎片化"

高校图博档拥有丰富的资源，但资源类型差异显著，资源类型的多样性直接影响了资源组织和描述方式。例如，高校图书馆主要采用 MARC 著录方式，博物馆使用 CDWA 元数据体系，档案馆则使用 EAD 著录标准，由于数字资源类型和描述方式不一致，造成数字资源难以协同，版权保护意识客观上也对数字资源的整合与共享构成了一定冲击。此外，三馆多自主进行数字化开发，导致资源重复建设，人财成本增加。

（四）服务碎片化

高校图博档往往各自独立，无法顺畅地跨部门提供数字资源与服务，服务"碎片化"给用户带来诸多不便。用户获取资源需分别在三馆的资源发现平台进行检索,这种低效方式无法满足用户对高质量服务的需求。国家文化数字化战略要求公共文化机构实现服务平台集成化、服务场景多样化和内容提供均等化。目前高校图博档一般尚未实现服务平台集成化,无法提供一站式服务,用户需通过不同机构的平台获取信息。

四、数字资源生态系统的治理逻辑

（一）现实可行性

高校图博档数字资源在服务职能上同时兼具社会文化保存及服务的功能,具有相似性。高校三类机构都隶属于本校管辖,不存在难以跨越的机制鸿沟。因此,高校图博档数字资源融合发展是可行性。此外,当今数字人文技术的发展使得信息集成和一站式服务成为可能,具有较强的实践操作性。

（二）垂直治理

垂直治理是治理主体按照自上而下的层级结构进行治理,这种治理方式能够有效应对各种问题。当前,高校图博档的数字资源整合服务属于非集中式、扁平式结构[24],三馆处于分立状态,不利于协调各馆的资源。垂直治理有利于资源统筹调度,聚焦共同的组织目标,从顶层设计上保障战略的宏观统一和战术的贯彻落实。需注意的是,在垂直链条上,各参与主体是同属平级关系,易造成治理主体生态位的缺失。解决这一掣肘因素的关键在于弥补垂直治理路径中占据主导作用的生态位,即建立统一协调机构,并使其充分发挥自上而下的赋能功效,实现协调和整合的功能。垂直治理能够较好地打造高校图博档数字资源的协同指挥链,便于集中统一规划和治理,确保各链条各环节协作畅通,从而发挥整体性治理的最大功效。

（三）水平治理

从横向链条看,高校图博档通过跨机构协同合作为用户提供精准的数字资源服务,一是加强机构间的水平治理。高校图博档三馆由于价值认同、利益分配等问题,可能会产生各种冲突和矛盾,因此可通过水平治理制定信任机制,对三馆利益进行协调,构建"共治同心圆"。二是加强数字资源传递到用户过程中的水平治理。高校图博档整合数字资源并提供给用户,在这一资源横向流动中需做好数字资源整合、服务供给和用户需求反馈等工作,即数字资源整合要依托数字化技术和数据分析技术实现三馆资源的集成化,服务供给要提供一站式检索和集成化服务,用户反馈要通过完善的反馈评估机制形成良好的正向反馈,从时间维度上保障数字资源生态系统的健康运行。

五、数字资源生态系统的框架构建

研究基于整体性治理理论构建了高校图博档数字资源生态系统框架,包括战略层、数据层、保障层、用户层,详见图1所示。

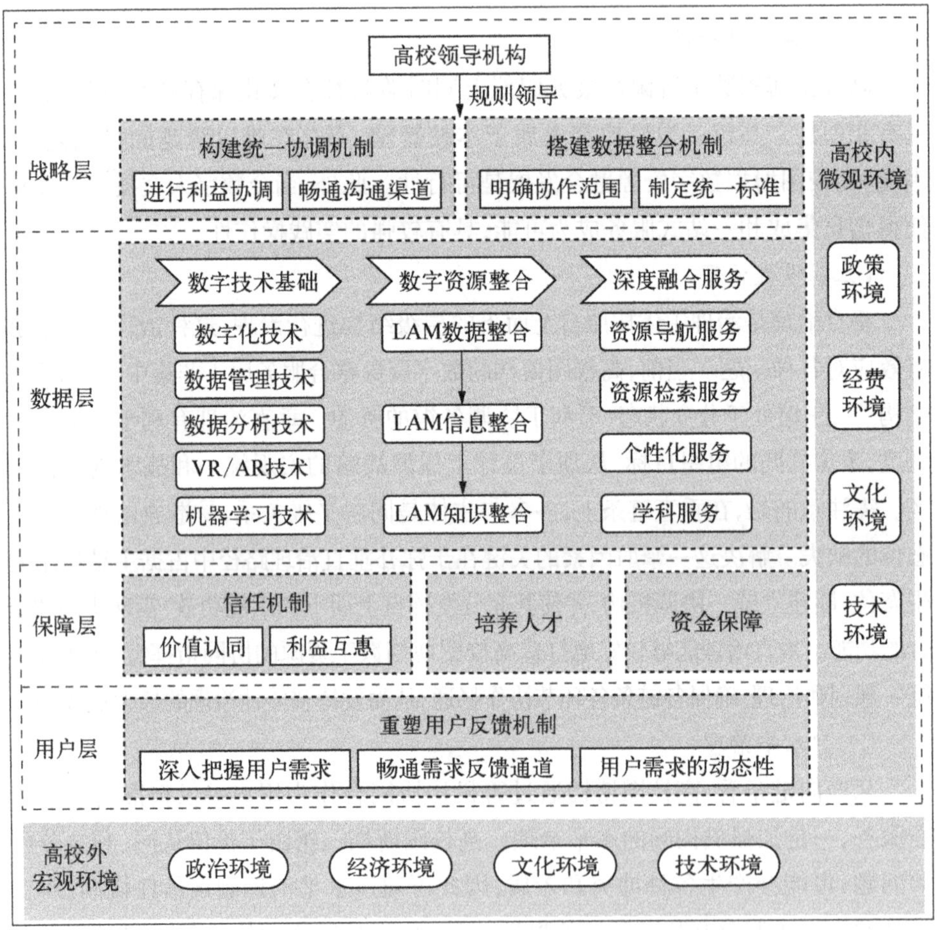

图1 高校图博档数字资源生态系统治理框架

（一）战略层

1. 构建统一协调机制

首先要成立高校图博档统一管理机构,统筹协调三馆的整合发展及资源配置,缓解主体间的冲突,增强向心力,达到 1+1+1>3 的协同效应[25]。其次,要进行利益协调。各主体都希望获得更大的收益,无论是组织标准、资源共享,还是人力经费,投入与收益一旦失衡会产生利益冲突,因此需妥善处理好各主体间的利益关系,实现利益共享。鉴于此,可采取协商方式确定好各主体的职责和范围,形成统一的价值共识,分配好主体间的利益及风险。再次要畅通沟通渠道,规范化、制度化的沟通机制有助于加强主体间的协调沟通,可通过定期召开会议、建立联络员制度等方式确保信息畅通,从而更好地推进生态系统的良性发展。

2. 搭建数据整合机制

为解决高校图博档数字资源类型复杂多样、描述细粒度大小不同等问题,需建立数据整合机制:一是制定统一的数字资源建设标准,这是实现多源异构资源统一标准描述的必要手段。包括互操作协议 OAI-PMH 等数字信息标准规范。二是明确资源协作范围,各主体在合作开始前要明确资源协作的范围,将一些不适合协作的资源排除,有助于资源更好地利用和合理分配,促进高校图博档数字资源生态系统稳定推进。

(二)数据层

1. 夯实数字技术底座

夯实数字技术底座有以下几种方式:一是要依托数字化技术将高校图博档资源转化为数字资源,如将纸制图书、期刊、档案等转化为数字资源,通过拍照和 3D 建模等方式对博物馆藏品进行数字化。二是依托数据管理技术、关联数据技术等实现资源整合和信息聚合。三是依托数据分析技术对数字资源进行分类与内容挖掘。四是利用可视化技术实现场景模拟。五是利用 VR/AR 技术提供沉浸式场景体验。六是利用机器学习技术实现高校图博档集成平台的个性化服务及精准推送。

2. 强化数字资源整合

强化数字资源整合的方式包括:对三馆的异构资源进行数据整合,实现多种异构数据资源的共享与互联,通过物理集成方式,根据统一描述标准将多源异构数据转化为集成同构数据,建立数据仓储集合[26];对三馆的异构资源进行信息整合,数据整合能够实现多元异构资源的一站式检索,但无法揭示信息之间的联系,而信息整合可弥补这一缺失,揭示、关联和链接信息之间的关系;对三馆的异构资源进行知识整合,即参照知识体系,通过语义标引更深层次地揭示数字资源。

3. 提供深度融合服务

提供深度融合服务,包括为用户提供集成式、便捷化的导航和检索服务,涵盖地点、时间、专题、条目类型、机构等多种形式的检索浏览方式,实现一站式检索服务;为用户提供虚拟展览服务,将某一主题的图片、手稿等进行数字化,打破时空局限,使用户更好地体验文化服务[27];依托 VR、AR 技术和 3D 建模等搭建逼真的虚拟空间,内容可涵盖社会政治、经济、文化发展风貌等,提升用户的使用感受;提供个性化服务,如高校图博档资源的订阅、资源收藏、信息推送等;提供学科服务,通过整合高校图博档数字资源为用户提供嵌入式、多维度的学科服务。

(三) 保障层

1. 构建信任互惠机制

信任机制作为整体治理产生效果的黏合剂,是一种以广泛接受的认同感和价值观而降低治理成本的过程机制[28]。高校图博档都承担着教育和信息传递的职能,且受众都是在校师生,满足师生需求是其共同的价值取向。在利益互惠方面,高校图博档的资源协作势必会触及机构及员工利益,从而影响高校图博档协作的整体效益,因此需要充分考虑各方的利益诉求,实现各方利益的最大化。

2. 争取人才资金支持

人才培养是保障层的重要一环,高校图博档一方面要引入高学历、专业化的人才,吸引更多优秀人才参与图博档协作建设,同时通过常态化的业务培训持续提升馆员服务水平[29];另一方面要制定完善的人才的奖励机制,同时扩大晋升通道,既要给予馆员一定的薪酬奖励和荣誉激励,又要为其开辟个人发展路径,提升馆员的工作积极性和创造力。

(四) 用户层

1. 深入把握用户需求

高校图博档要借助用户对象聚焦化、需求精准化、特征标签化等优势[30],构建精细的用户画像,深入解析和满足不同用户群体的需求,动态调整数字资源生态系统,如通过收集和分析不同用户群体的数据构建具有群体特性的用户画像,包括教职员工、学生、校友等,据此进行针对性、实效性的资源配置和投入,提升服务成效。

2. 畅通需求反馈通道

为及时准确地收集用户的反馈,高校图博档需在数字资源生态系统中设立有效的需求反馈通道,用户可通过微信、QQ、自媒体等提出相关需求及建议,同时通过实施奖励机制和满意度回访等措施确保反馈信息的质量,提升用户的参与度和满意度。有效的需求反馈机制有利于高校图博档及时收集并分析反馈数据,进而有针对性地调整和改进数字资源建设和服务。

3. 掌握用户需求动态

用户需求并非静止不变,高校图博档需以动态方式应对用户需求的变化,根据用户需求变化对数字资源和服务进行持续更新和优化,增强数字资源的活力和竞争力。可定期开展问卷调查和用户访谈收集用户需求数据,发现用户需求趋势和规律,同时鼓励用户参与数字资源生态系统建设,从而更深入地了解用户需求。

六、结语

高校图博档作为支撑高校知识创新和传承的重要机构,肩负着共同的责任和使命,实现高校图博档数字资源融合的重要性不言而喻。得益于数字技术的发展,这种融合正在成为可能,数字资源生态系统作为一种新的治理模式,为高校图博档的深度融合提供了新的视角和借鉴。

当前,高校图博档数字资源融合尚处于初级阶段,仍需在技术架构、运行机制及实施方案等方面进行更深入的探索。

参考文献:

[1] 穆向阳.图博档数字资源整合内在动力机制研究[J].图书馆理论与实践,2016,199(5):61-65,94.

[2] YEATES R. An XML infrastructure for archives, libraries and museums: resource discovery in the COVAX project[J]. Program, 2002, 36(2): 72-88.

[3] ROEL E. The MOSC project: Using the OAI-PMH to bridge metadata cultural differences across museums, archives, and libraries[J]. Information Technology and Libraries, 2005, 24(1): 22-24.

[4] FARNETH D. How Can We Achieve GLAM? Understanding and Overcoming the Challenges to Integrating Metadata across Museums, Archives, and Libraries: Part 2[J]. Cataloging & Classification Quarterly, 2016, 54(5-6): 292-304.

[5] MACHIDON O M, TAVČAR A, GAMS M, et al.. CulturalERICA: A conversational

agent improving the exploration of European cultural heritage[J]. Journal of Cultural Heritage, 2020, 41: 152-165.

[6] 郑燃,李晶.我国图书馆、档案馆与博物馆数字资源整合研究进展[J].情报资料工作,2012,186(3):69-71.

[7] 高雄.我国图书馆、档案馆与博物馆数字资源整合研究[J].档案管理,2016,219(2):43-45.

[8] 贾君枝.LAM馆藏资源的元数据整合方法比较分析[J].档案学研究,2022(1):79-84.

[9] 穆向阳.本体在LAM(图书馆、档案馆、博物馆)数字资源整合中的局限、问题及解决路径研究[J].图书馆理论与实践,2020,247(5):73-79.

[10] 刘焕成,张宁.基于图博档融合的突发公共卫生事件数字资源建设研究[J].浙江档案,2022(3):26-29.

[11] 熊伊凡,陈艳红.基于图情档协作的红色档案资源开发利用研究—以雷锋档案为例[J].图书馆,2021(9):92-96+102.

[12] BUCHANAN S, GIBB F, SIMMONS S, et al.. Digital library collaboration: a service-oriented perspective[J]. The Library Quarterly, 2012, 82(3): 337-359.

[13] 孔令芳,韩子静.高校图书馆与博物馆共建特藏资源与服务模式研究[J].大学图书馆学报,2022,40(3):73-79.

[14] 王巧玲.美国林肯总统图书馆与博物馆融合服务创新实践及借鉴意义[J].档案学研究,2020(1):126-130.

[15] 穆向阳,徐文哲.LAM数字叙事基础理论框架研究[J].图书馆理论与实践,2022(3):23-29.

[16] 张卫东.全球化视野下中国LAM合作模式研究[J].图书情报工作,2016,60(12):14-21.

[17] 张章.试析图书馆与博物馆的合作共赢模式[J].图书馆工作与研究,2014,216(2):13-16.

[18] 赵生辉,朱学芳.我国图书馆、档案馆、博物馆数字化协作框架D-LAM研究[J].情报资料工作,2013,193(4):57-61.

[19] 王贵海,朱学芳.价值共创视阈下图博档融合中的利益冲突及平衡机制研究[J].图书馆学研究,2020(8):27-33.

[20] 孙灵燕,胡维青,王骏."1+1>2"—高校图书、档案数字资源融合服务探究[J].中国档案,2022,590(12):58-60.

[21] 孙振钧,王冲.基础生态学[M].化学工业出版社,2007.

[22] 曾凡军.基于整体性治理的政府组织协调机制研究[D].武汉大学,2010.

[23] 司晓悦,赵霞霞.国内整体性治理研究的知识图谱——基于2008—2018年CSSCI及核心期刊来源的文献计量分析[J].东北大学学报(社会科学版),2019,21(4):367-372,418.

[24] 赵娟,孟天广.数字政府的垂直治理逻辑:分层体系与协同治理[J].学海,2021(2):90-99.

[25] 胡象明,唐波勇.整体性治理:公共管理的新范式[J].华中师范大学学报(人文社会科学版),2010,49(1):11-15.

[26] 马文峰,杜小勇.数字资源整合:理论、方法与应用[M].北京:北京图书馆出版社,2007.

[27] 田蓉,唐义.国外公共数字文化资源整合中的资源组织方式研究[J].情报资料工作,2016(6):68-74.

[28] 丁煌,李雪松.整体性治理视角下综合行政执法改革的深化之道[J].南京社会科学,2020,398(12):70-78,98.

[29] 尤晶晶.大学图书馆面向年轻馆员的人才培养策略探析——以上海交通大学图书馆为例[J].大学图书馆学报,2021,39(3):34-39.

[30] 夏立新,胡畔,刘坤华等.融入信息推荐场景要素的在线健康社区用户画像研究[J].图书情报知识,2023,40(3):116-128.

点评

作者针对当前高校图书馆、博物馆和档案馆数字资源整合问题,系统地提出了构建数字资源生态系统的治理框架,逻辑严密,结构清晰。

文章运用整体性治理理论,从垂直治理和水平治理两个维度出发,全面剖析了高校图博档数字资源生态系统的治理逻辑,理论应用恰当,问题分析深入。叙述构建的治理框架包括战略层、数据层、保障层、用户层4个层次,具有很强的实践指导意义。此外,文章引用文献丰富,数据支持有力,体现了作者对研究领域的深厚积累。但在具体实施路径和案例分析方面略显不足。如果能够增加更多成功的实践案例和具体的操作建议,将使文章更具说服力和实用性。总体而言,这是一篇具有较高学术价值的优秀论文。

附　部分优秀论文摘要

国际突发公共卫生事件风险沟通研究进展
——基于知识生产视角

柴子曈　中国矿业大学(北京)

摘要：风险沟通是应急管理的关键环节，也是国际学术界关注的焦点议题。为深入了解突发公共卫生事件风险沟通研究状况，通过文献计量法和内容分析法对该领域的知识生产情况进行分析，并依托 Citespace 软件进行可视化，得到如下结论：国际突发公共卫生事件风险沟通知识生产经历萌芽、起步、初步发展与蓬勃发展四个阶段，知识成果呈现明显的学科交叉趋势，知识生产内容体系不断丰富，知识生产方法具有多样化特征。未来应从完善知识生产团队、提升知识成果产出空间、优化知识生产内容、创新知识生产思路方法等方面入手，推动该领域研究向全局性和纵深性迈进，不断完善突发公共卫生事件风险沟通理论体系，为沟通实践效能提升给予有力支撑。

论吴承恩《西游记》中的"水意识"寄予与现实启示

马敏洁　罗浩波　喀什大学

摘要：吴承恩《西游记》的生态意蕴解读是学界近来研究的热点，"水"作为吴承恩《西游记》生态意识解读的一个分支，学界研究尚有不足。以"水"为媒介，研究西游故事中的"水"生态意识是解读吴承恩《西游记》生态意识的创新之处，由此发掘出生态意识与中国传统水文化和明代生态环境的关联，为新时代社会主义水生态文明建设提供启示意义和参考价值。

环境税与企业创新绩效

——基于上市重点排污行业企业的研究

谢梦阳　　上海海事大学

摘要：随着可持续发展理论得到国际社会日益广泛的认同，环境保护问题备受各国政府的重视，环境税在此情况下应运而生。环境税作为国家推动企业发展的重要手段之一，与企业创新绩效有着密切的关系。笔者选取2016—2021年沪深两市A股642家重点排污行业公司作为样本，采用固定效用模型，对环境税与企业绩效的关系进行了实证研究，并探讨了区位因素在环境税和企业创新绩效间的调节作用以及研发费用在环境税和企业创新绩效间的中介作用。结论表明：对于重点排污行业企业而言，环境税与企业创新绩效呈负相关关系，减税降费政策对于企业创新绩效具有激励作用；且减税降费政策对于东部地区的激励作用大于中部和西部地区。同时发现研发费用在环境税和企业绩效间发挥着不完全中介作用。

王阳明"万物一体"思想形成的内在理路

刘睿妍　　上海大学

摘要：王阳明"心学"三大核心命题之"心即理""知行合一""致良知"清晰呈现于其"万物一体"思想中，成为该思想形成的内在理路。在此框架下，"万物一体"思想又紧紧围绕"内圣外王"的主题展开——"内圣"与"万物一体"思想所追求的个人与宇宙相统一的精神境界相契合，"外王"则体现出在此精神境界指导下的入世实践，从而实现了由境界论向现世价值的转化。"万物一体"思想贯穿"心学"的三大核心理论，体现了其在"心学"理论构架中的重要地位。

习近平用典的衍义创新与文风特色

闫 瑞　　上海大学

摘要：习近平总书记常在国内外重要会议或重大场合的讲话中引经据典、援古证今,赋予典故鲜活的时代内涵。习总书记用典的内容丰富,小到个体的品格修养,大到国家的治国理政;且经常结合讲话的场合和时代需要进行创新,使旧典衍生出新的内涵,焕发出时代活力。习总书记所引用的典故往往简明晓畅、通俗易懂且意蕴深刻,形成了一种独特的文风。研析习近平用典的衍义创新与文风特色,对理解中华优秀传统文化的内涵、领会习总书记新时代中国特色社会主义思想有重要意义,对于文书写作尤其是应用文写作也有借鉴意义。

空间正义：探寻实现城市各民族全方位嵌入的有效进路

刘明星　　云南大学

摘要：在各民族间"大流动、大融居"的新形势下探寻推进城市各民族全方位嵌入的有效进路十分紧要且必要,在空间正义分析框架下的城市各民族全方位嵌入强调从自然地理"区域"空间和社会关系"场域"空间两个层次展开,并注重二者之间的有机协同与相互嵌套。然而,在城市空间中无论实现哪个层次的全方位嵌入,都不同程度面临着城市空间生产过程中的空间挤压、空间歧视与空间剥夺等空间非正义阻碍。以空间正义原则为导向,在城市空间生产过程中积极塑造共生共享的城市经济空间、构造共商共治的城市政治空间、筑造共事共乐的城市社会空间、打造共进共融的城市文化空间,是突破这些阻碍并实现城市各民族在空间、经济、文化、社会、心理等方面全方位嵌入的有效进路。

性别视域下的清代女性题画诗研究

吴志敏　　上海大学

摘要：女性题画诗在清代臻于繁荣,以收录题画诗数量可观的《国朝闺秀正始集》和《国朝闺秀诗柳絮集》两部极具代表性的清代女性诗歌总集为例,揭示清代女性相较于男性呈现出的不同。其中清代女性题画诗样式、载体选用及女性社交动机等,以异于男性风格化与程式化的女性书写展现了女性如何利用有限而具体的自然资源经营日常生存空间,为女性诗歌创作树立"典范"的意识。这对理解女性诗学话语与价值具有重要意义。

ESG投资与商业银行的资本市场表现
——基于股票流动性的证据

黄佳耿　　华东政法大学

摘要：在党的"二十大"贯彻新发展理念和推进高质量发展的背景下,商业银行能否通过ESG投资增强可持续发展新动能,进而优化资本市场表现呢？笔者基于商业银行的平衡面板数据,采用PSTR模型实证检验ESG投资对商业银行股票流动性的影响及作用机理。研究表明,ESG投资对商业银行的股票流动性存在非线性影响,当ESG投资水平超越门限值80,其正向效应显著增强。机制检验表明,ESG投资将增强"收益渠道"和"风险渠道"等内因机制对股票流动性的促进作用,而"机构投资者"和"媒体关注度"等外因机制的边际贡献度减弱。上述结论在经过一系列稳健性检验后依然成立,这说明ESG投资增强商业银行的股票流动性,从长期看还必须落实到改善银行经营效益的内因机制上。此外,研究发现,ESG投资基金发展能改善商业银行ESG投资的外部基础条件,进而增强ESG投资对股票流动性的正向效应。

ESG 表现与商业银行的股票流动性风险

张年华　上海财经大学

摘要：ESG 是关注企业环境、社会、治理绩效的新型投资理念，已经成为衡量股票投资风险的重要参考。在高质量发展阶段，ESG 表现能否降低商业银行的股票流动性风险值得研究。笔者基于沪深 A 股 25 家商业银行的平衡面板数据，实证检验 ESG 表现对股票流动性风险的影响和作用机理。结果表明，ESG 表现对商业银行的股票流动性风险存在抑制作用，良好的 ESG 表现会降低单位成交额对股票日内波动率和股票收益率的冲击强度。从 ESG 表现分项看，公司治理表现和社会责任表现均抑制股票流动性风险，而环境保护表现对股票流动性风险的抑制作用不显著。异质性检验表明，媒体关注度高和资本充足率低的商业银行，其 ESG 表现对股票流动性风险的抑制效果更强。此外，拓展研究发现，ESG 表现良好有助于商业银行获得 ESG 投资基金的青睐和持股，这是 ESG 表现降低股票流动性风险的重要渠道。

量米为炊：论直隶省商品陈列所早期实践活动及其历史影响（1913—1922）
——兼谈近代商品陈列所与博物馆之别

龙凌云　湘潭大学

摘要：1913—1922 年，直隶省商品陈列所作为我国早期商品陈列所之典范，开展了一系列实践活动。这些实践活动使得直隶省商品陈列所成为集国货陈列、展览会、商场、广告等多重经济职能于一身的民族"展览综合体"。直隶省商品陈列所作为民初联结直隶全省官、商、民的经济纽带，一度对直隶地区实业的发展及国货运动的兴起作出过重要贡献。然而，受制于经费支绌、"能人"流失以及战争破坏等不利因素，直隶省商品陈列所的实践同样具有较多局限性，并最终走向衰败。诚然，清末民初的商品陈列所可视为中国现代博物馆之滥觞,但商品陈列所作为"倡兴实业"的官办机构,其更多呈现出经济属性,与教育性占主导的现代博物馆又存在明显区别。

城市数字经济发展与企业的持续性创新
——来自城市数字经济指数的经验证据

王 帅　安徽财经大学

摘要:培育企业的持续性创新能力是实现科技自立自强、解决"卡脖子"问题的关键。研究以2017—2021年中国A股上市公司数据为样本,实证检验了城市数字经济对企业持续性创新的影响。研究表明:城市数字经济的发展有助于激发企业持续性创新的意愿及动力;行业环境的不确定性会增强城市数字经济对企业的持续性创新的积极作用,经过一系列稳健性检验后结论保持不变。机制检验结果表明连锁股东可以通过缓解企业的融资约束及增加企业的创新产出两条路径来提升企业持续性创新。异质性检验表明城市数字经济与企业持续性创新的积极效应在市场竞争低及企业数字化程度低的企业效果更好。

南京都市圈的尺度重构与多层级治理

余 杰　苏州大学

摘要:南京都市圈建设是多层级政府共同推进的空间治理安排。研究考察南京都市圈空间转型与重构的治理逻辑,采用政策话语和文本分析方法,构建尺度重构与多层级治理相耦合的解释框架:①尺度重构和多层级治理具有理论来源的同一性和理论内涵的互嵌性,尺度重构过程也是开展多层级治理的过程。②市级政府、省级政府、中央政府分别在经济增长、空间整合、秩序稳定的行为动机驱使下开展空间治理活动。③低层级政府主要通过尺度上推方式向上表达治理诉求,引导权力和治理资源向下流动;高层级政府主要通过尺度下推方式向下传递治理意图,形成约束与激励共存的空间治理规则。④权力关系重组塑造了多层级的治理结构,具体表现为政府间关系重塑(同级政府由"逐底竞争"转向合作共谋,上下级政府由命令服从转向上下配合)和"政府—市场"关系重塑(政府对市场积累模式的主动选择和政府对市场积累模式的政策锁定)。研究表明,南京都市圈建设理论上深化对中国政治经济语境下的"城市—区域"建构逻辑,实践上为空间治理主体的科学决策提供参考。

"无路可走"还是"另谋出路":农民工返乡就业是否能够增收?
——基于安徽省民生调查的数据分析

张孟云　安徽建筑大学

摘要:提高农民收入和缩小农民收入差距是实现共同富裕的基础和前提,农民的收入水平直接检验着共同富裕的实现程度。研究运用 ERG 理论,基于安徽省民生调查结果并采用 RIF 回归方法探索农民工返乡就业对农民收入的影响。研究结果显示,农民工高质量返乡就业对于农民收入分布中间阶层的影响要显著大于两端阶层,因此成为实现农民增收和缩小收入差距的重要推动力量。进一步的检验还发现,乡村振兴在农民工返乡就业和农民增收之间发挥显著的中介作用。综上所述,促进返乡农民工高质量就业并吸引有志之士回乡创办高质量企业是提高农民收入、缩小收入差距、推动农村共同富裕的关键因素。

基于 EVA 的 ST 瑞德破产重整绩效分析

孙　君　上海大学

摘要:近年来,破产重整已成为解决上市公司困境的重要途径。ST 瑞德为上交所的上市公司,因 ST 瑞德不能清偿到期债务且明显缺乏清偿能力,2022 年进行破产重整。研究以 ST 瑞德为例,首先简要介绍了奥瑞德和所在行业的情况,然后分析了奥瑞德的陷入经营困境的原因以及奥瑞德实行破产重整的动因,然后通过事件研究法以及 EVA 绩效分析法这两种方法对 ST 瑞德破产重整的绩效进行分析,结果都表明瑞德破产重整实施较为成功,绩效有了较大改善。ST 瑞德经验表明成功的破产重整可以帮助企业改善财务现状、恢复持续经营能力、化解市场金融风险、维护市场稳定。

自我去稳定化:"数字游民"的个体化实践

沈 萱　上海大学

摘要：受 2020 年新冠肺炎疫情影响,不稳定的就业市场扩大了劳动者个体的风险感知,但"数字游民"群体逆流而上,在充满不确定的就业风险时代,主动选择去稳定化,看似非理性的决策背后反映了"数字游民"对"稳定"的另类解释,即"稳定"不来自工作性质而是技能本身,同时他们也以这种个体化实践对抗所谓"996"带来的时间、空间、自我异化,努力重新构建工作和生活的意义。晚现代社会对独异性的包容以及个人价值观念的变革为"数字游民"的成就自我实现提供了文化环境,信息科技的发展为他们提供了技术空间,同时他们通过自我管理、低消费多产出、建设"在地"社区等方式应对个体化实践带来的脱嵌与不稳定性,重构了生活秩序,维持了"游民"生活的现实可能性。最后,"数字游民"的未来可持续性以及对社会结构的影响还需要进一步探究。

西域诗路的研究理路与价值阐释

李佳珈　喀什大学

摘要：西域诗路是西域地区各民族诗歌文化交往交流交融之路。西域诗路的研究将分布在不同历史空间与地理空间的西域诗连贯起来,作为一个整体的文学现象加以关注,研究包括西域诗路的地理空间研究、以家国情怀为精神文化的思想内涵、西域诗路各要素影响下的西域诗的美学风格、西域诗路独特的文学语言景观等。西域诗路的研究不仅仅是诗歌史地的研究,还更多体现在西域诗路研究是对中华民族共同体意识发展历史的见证。

清代司法制度设计与实践的"悬空性"：
以清律"由轻改重"条例为线索

刘晓光　　西北大学

摘要：清律中有很大一部分条例为"由轻改重"条例，条例的形成主要包括依皇帝行使皇权制定以及经地方督抚大员请求制定等途径。大量"由轻改重"条例的存在会产生对罪刑相允原则的破坏、条例不切实际以及地方司法为罪犯开脱等问题。这些弊端产生的缘由在于清代司法制度设计与地方司法运行之间存在较大的"悬空性"。"悬空性"的表现一为中央政令脱离地方实际，二为清政府与地方州县之间利益存在冲突与矛盾。从实际情况而言，这种"悬空性"并未妨碍中央对基层州县保持其强大的控制力，清政府与地方州县官群体竭力在维护皇权与保持基层安稳之间寻求着平衡。

文化审美、形象建构与空间转换：
早期上海电影的美学实践

赵瑞宇　　河南大学

摘要：早期上海电影在选材、制作和放映等方面等进行着独特的形式探索和美学实践。首先，这一时期电影整体的通篇营构与美学旨趣，洋溢着丰盈的传统文化氛围，具有鲜明的民族性。其次，早期电影中对伦理道德的强化和对传统文化的弘扬，一方面是缘于导演群体的自觉选择，另外一方面是由于当时与西方影像中他者表述的博弈，以及出于政治目的的意识形态宣教性表达。最后，民国时期上海电影展演空间的转换及其场域配置的演变，体现了处于特殊时期的国家、社会与人民的文化表征、社会肌理与心理症结。因此，文化审美、形象建构和空间转换视角下的早期上海电影实践考察，呈现出鲜明的民族性、现代性和中国性。民国时期上海电影的美学实践的梳理，有助于透视中国现代化进程中的时代记忆与民族想象，理清上海电影与其他区域电影的传承脉络与发展历程；有利于探索实现中国电影文化振兴的实践路径，推进文化自信自强的现实指向。

"双碳"目标下环境规制与产业结构
转型升级研究

程 娜 李博文 上海大学

摘要：环境规制同时具有生态效应和经济效应,合理实施环境规制对我国实现"碳达峰""碳中和"目标具有重要意义。环境规制与产业发展具有明显的空间相关性,而规制发挥作用的过程中会以空间溢出的形式影响到区域范围内的产业结构转型升级、经济增长、城镇化等。在此过程中,地方政府应遵循因地制宜的原则,从破除地方保护主义出发,根据经济结构丰富规制手段,兼顾区域发展的整体利益制定环境规制,以确保生态文明与产业结构健康协调发展,助力"双碳"目标的实现。

特大城市青年分配公平感的现状及其影响因素分析
——基于十个特大城市的实证研究

张 莉 项 军 上海大学

摘要：研究基于2019年基于五大都市圈十个特大城市的"新时代特大城市居民生活状况调查"数据,针对80、90后青年群体,结合"自我服务偏见"以及"受挫怨恨"的心理机制,剖析教育、户籍以及住房对于青年人分配公平感的影响,实证研究发现：第一、拥有本地户籍的青年人群比没有的公平感更高；同是外来移民青年,得到本市户籍和住房的比未得到的公平感更高。第二、同是高学历和中高收入外来群体,在特大城市已获得户籍和住房的外来青年群体的公平感与本地城市青年接近,甚至在某些资源分配上更觉公平,也更倾向于绩效主义归因。那些没有获得本地户籍和住房的高学历群体,由于受到集体性社会排斥或时间累积性的排斥,则易于产生"受挫怨恨",从而影响分配公平感。研究针对特大城市的青年人的公平感的实证研究,有助于从学理上了解户籍以及住房对于特大城市青年人发挥作用的机制,从而能够为有效提高特大城市青年人的分配公平感提供施力方向,更好地为特大城市引才留才提供参考。

作者、技术与大众

——重估作为策略的本雅明艺术政治化

郭思恒　　上海大学

摘要：作为政治审美化的对立概念的艺术政治化概念在本雅明理论中占有重要地位,此概念的提出也标志着本雅明马克思主义阶段的成熟。重新对艺术政治化进行整理,必须回到本雅明理论文本中从作者、技术和大众三个方面及其相互间的关系进行思考,反思本雅明艺术政治化理论,揭示其不足即其乌托邦性质与机械性,并回到其历史语境中重估艺术政治化的意义与价值,尤其是艺术政治化在左翼文化斗争中的策略性价值。

《唐乾封二年(667)西州高昌县董真英随葬功德疏》再研究

沈　奥　　西北大学

摘要：《唐乾封二年西州高昌县董真英随葬功德疏》是吐鲁番出土的一件宗教性随葬文书,共分为朱书与墨书两部分,朱书部分的性质近似于镇墓文,起到镇墓及保佑生者的作用,墨书部分则记录了董真英患病期间所做的功德。阿斯塔那九区二号墓中出土的两件丝织伏羲女娲图是代表夫妇和合的民间信仰,覆面以及木握把则是儒家丧礼规定的随葬品。家人染患以后,通过转写诵读具有疗疾功用的佛典和布施等行为,以此祈愿病人康复,是唐前期西州流行在富裕阶层的一种风俗习惯;而在葬仪中使用功德疏这一文本,则是死者的家人希望其能够往生净土、远避三涂,这反映出唐前期西州民众的净土信仰。

清醒·活用·创新：中国共产党理论自觉的科学内涵

孙圣虎　　中共山东省委党校

摘要：历史和实践证明,理论自觉是中国共产党一以贯之的优良传统。依靠高度的理论自觉,我们党不断实现理论创新和实践创新的良性互动,推动党和国家事业行稳致远。聚焦中国共产党理论自觉发生发展的内在机理、一般规律,可以将"清醒""活用"和"创新"作为建构其基本内涵的核心要素,分别对应为党的理论清醒自觉、党的理论活用自觉与党的理论创新自觉。三重内涵,相对独立又互为前提,共同构筑为中国共产党认识、坚定、运用和发展理论的历史经验与实践要求。

苏轼"海棠诗"发微与其"主题诗学"的异延

田育珍　　华东师范大学

摘要：《海棠谱》与《全芳备祖》为唐宋海棠诗之总结,以钦定四库全书整理本《海棠谱》为样本,将会发现宋人海棠诗之新变。此别调新声影响到苏轼海棠诗书写模式。苏轼在黄州谪居期间诗文创作有内转倾向,他将身世之感打入花喻,以间隔漫长、联系隐微的五首海棠诗构建起遥相呼应的组诗模式,前后挽合呈现宋代贬谪士人的真实心态、自身生命观念的成熟过程和心性超越的完整线索。从文学流借鉴苏轼海棠诗范式,对海棠诗这一主题诗学的流传与塑形、互文与因革,会有更为清晰的脉络认识。

石介易学思想新探

刘晓斌　　青岛大学

摘要：石介是北宋著名的思想家,在易学领域颇有建树。他以儒理解《易》,将儒家的纲常名教深切融入《周易》的阐释中,开创了易学"儒理宗"的先河。他继承发扬了前代以易学的"人文化成"思想来论述文道的传统,并进对"文"的内涵作出了新的诠释,使宋代的古文运动迎来了新的局面。他以易学的忧患意识与自强不息的经世情怀为指导,在边疆危机与变法改革等问题上提出过一些有益的建议。

中国城市教育均等化研究

高春亮　郑　聪　　集美大学

摘要:教育均等化关系到人的全面发展和共同富裕,基于2003—2020年280个城市数据,以生均财政教育支出测量教育公共服务,从而探讨教育均等化发展趋势。研究分析表明,我国城市财政教育支出不存在σ收敛,但存在β绝对收敛和条件收敛,Dagum基尼系数呈现弱N变化趋势且组内差距是主要差异贡献来源。非线性时变因子模型的回归结果表明,280个城市形成6个俱乐部,其中5组收敛1组发散,且收敛组中均值低的组收敛速度快。结论表明,我国教育均等化水平不断提高;但区域间差距仍然存在,中国实现完全教育均等化仍需要较长一段时间。

国外学者论"数字社会主义"

袁　欢　姚懿纯　　华中师范大学

摘要:随着数字化时代的到来,数字技术广泛地嵌入人类生产生活的各个方面。数字社会主义作为重要理论问题也引起了国际学界的高度关注,其中,尤以国外学者率先开展了前沿性讨论。针对数字社会主义这个新议题,国外学者站在各自不同的视角,对其内涵、优势、限度等问题加以多维剖析,甚至在数字社会主义实现可能性和现实性等关键问题域进行了激烈论争。国外学者虽然表达了对数字社会主义的理论关切,也对数字资本主义的外观进行了一定程度的学理批判。但从历史唯物主义的科学方法论出发,他们的许多观点尚未成熟。在对数字资本主义更深层次批判的基础上,更需要清晰认识数字化时代社会主义的真实目标与追求。而对于"数字中国"建设来说,国内学界对数字社会主义议题的研究还有待深化。

论认罪认罚案件审前阶段的检律协同关系

钟达玮　吉林大学

摘要:在认罪认罚案件审前阶段构建检律协同关系对于准确适用认罪认罚从宽制度具有举足轻重的价值功用。由实证考察犯罪嫌疑人签署认罪认罚具结书的司法实践,察觉认罪认罚案件审前阶段的检律关系呈现出检察官单向度职权主导和值班律师单向度适应配合的两种异化形态,导致检律关系产生异化形态的核心原因是理念层面的认识含混,根本原因是制度层面的价值冲突,直接原因是规范层面的"权力—权利"差距。以既有问题为导向,形塑认罪认罚案件审前阶段的检律协同关系,须贯彻程序公正和控辩平等的理念,首要举措为检察官恰适发挥主导作用,关键措施为完善值班律师的阅卷权和律师的拒签权,探索构建以权利保障为基底的证据开示制度,以期助推认罪认罚案件审前阶段的检律协同关系取得良性发展。

奔走与救亡:"中华全国漫画作家协会"演变考

刘其让　上海大学

摘要:1937年成立于上海的"中华全国漫画作家协会"因抗战全面爆发不得已几度更名易帜,走上奔走呼告的漫漫救亡路,漫画家们身体力行,运用漫画艺术"直白简快、便于传播"的特质,结合战况态势更替宣传模式,揭发了日寇的罪恶与反动势力的绥靖,有效动员了普罗大众加入抗战队伍,为最终的全面胜利贡献了强有力的宣传导向作用。其间对"蒋家王朝"的倾情披露更点燃了漫画创作的另一个高潮。这段不曾被学界钩沉的"出走与归来"既能厘清抗战漫画的来龙去脉,更能从侧面映现抗战美术图景中漫画创作的宝贵财富与漫画家的英雄意气。

成本收益分析在法律问题中的适用难点分析

徐榕岭　　上海大学

摘要： 成本收益分析法广泛出现于法律问题的分析之中，作为一种经济性分析方法，其是否具备较其他方法的适用优势以及应当如何适用尚存疑问。经过比较不同方法在同一法律问题中的适用情况，发现成本收益分析法在外观上具有清晰明确的流程可供适用，在内容上能够统一评价标准。尽管都以效率为标准，但成本收益分析法在法律问题研究中并没有统一的范式，存在罗列型、模型型和笼统效率型三种具体框架，从结构性优势角度出发，发现罗列型框架和模型型框架具有更加明晰的结构，而罗列型框架的分析顺序更佳，故罗列型成本收益分析法是较优选择。最后，在现有罗列型成本收益分析法的基础之上，研究建议成本和收益的选取以个人行为、单个行为作为分析基础，在寻找成本和收益项时，不仅需要具化到个人头上，并且需要分清每一个行为都有独立的成本和收益，区别成本和收益，保证成本收益分析法在法律问题分析过程中的科学适用。

科技创新新型举国体制：内涵阐释、内在逻辑、实践路径

王亚萍　　上海大学

摘要： 党的十八大以来，科技创新新型举国体制作为新时代科技创新的原创性思想，为实现关键核心技术突破、形成高质量发展不竭动力提供体制保证。科技创新新型举国体制是科技创新体制的综合创新，在科技创新方向、资源调配、组织结构和运行机制上更加契合科技创新规律，体现了生成论、认识论和方法论的有机结合。科技创新新型举国体制形成了经济、政治、历史环境共同作用的外部环境机制和党领导下统筹全局、协调各方的组织结构机制以及目标管理、合作管理与奖励激励机制的运行机制等辩证统一的内在逻辑。科技创新新型举国体制呈现了政党推动、政府主导、体制保障、体系构筑、队伍建设等"五位一体"的实践进路。

泉州的民族共同体想象

张 莹　华侨大学

摘要：从拉铁摩尔（Owen Lattimore）的中国长城边疆观出发，考察东南海疆的泉州，在中国地理空间内，古代中国从皇权中心向外辐射的帝国威势在海疆泉州嬗变为"貌合神离"的形式——农耕与商业的合作、孔孟与海神的共同奉祀、侨民与居民的羁绊，泉州民族共同体想象在这个经由历史延续的想象中，从自我出发的前瞻性与对全体性的认可，继而商业反哺了农耕，多样化信仰共存并生，在民族共同体中共建新泉州。

主权更迭与经费流转：吴淞防疫医院变迁研究（1894—1951）

卢官一　上海交通大学

摘要：位于黄浦江入海口的吴淞防疫医院是参与近代海港检疫工作的代表性机构，其主权历经多次移转。从19世纪末、20世纪初的外人主理，至1904年至1930年的华洋分治时期，可视为其在防疫权模棱状态下的发展。自1930年伍连德主管海港检疫工作后，检疫主权又经历收回、丧失与再收回的过程，新中国成立后，该院撤销后并入上海交通检疫所吴淞分所，此为国家主导检疫阶段。主权的更迭演替，直接影响医院的经费来源，进一步影响其组织结构和运营模式，在不断变化的社会背景下，其通过政商合作、社会组织资助、自谋经费等多种方式，维持其正常运转。吴淞防疫医院的变迁历程，乃是检疫主权、医院经费、社会医疗环境的交错互动的历史。

语言即文明：辜鸿铭的语言民族主义

沈乘风　上海大学

摘要：辜鸿铭翻译《论语》时运用翻译和独特脚注对《论语》进行解释。在翻译

"礼"("art")后辜鸿铭附上了相当长的脚注,并提到"张伯伦先生"认为日语不能完美翻译英语"art",辜鸿铭则认为中日有着相近的书写语言,因此有必要讨论中文的翻译能力。辜鸿铭认为,汉语可以完美翻译英语"art"。张伯伦的言论并非仅是对日语翻译能力的评价,更是对日本社会需要欧化的判断。辜鸿铭的回应也并非仅是文字游戏,而是对中国语言、中华文明依然优秀的判断。辜鸿铭的语言民族主义与其中华文明情结紧密相依,他从语言角度对比中西文明,认为中国语言并不比西方语言低劣,中华文明在全球文明中处于较高水平。

董仲舒"义利两有、以义为本"思想涵养：新时代政德的价值意蕴

王颂香　　山东大学

摘要：在中国伦理道德思想史中,"义利之辨"是一个重要命题。董仲舒在借鉴先秦诸子义利思想的基础上,提出了具有自身特色的义利观,即在"天人感应"学说的基础上,敬天的神圣,畏天的权威,从而在义利之取时规范自身,讲求事实上的"义利两养",道德上的"正其义不谋其利"。这对新时代政德建设具有积极的启示意义,领导干部在义利之取时,要"敬"理想信念,"畏"制度规范,守为官正民的公德。

领导特征对组织绩效影响的实证研究
——以新冠疫情防控为例

廖永仕　　中共中央党校（国家行政学院）

摘要："内行领导"还是"外行领导"是当前我国领导干部选拔工作中备受争论的两条路径。研究以2022年11月11日至2022年12月7日爆发新冠疫情的269个地级市为研究对象,通过构建基准回归模型实证检验卫健委"一把手"领导特征对于疫情防控效率的影响。研究发现：无论是"内行"特征突出,

还是"外行"特征突出的领导,都需要增强综合能力和驾驭能力,学习掌握自己分管领域的专业知识,使自己成为专家型领导。与此同时,注意到在我国现行体制之下,班子成员的专业特征和履职特征在一定程度上能对"一把手"的有限理性决策产生弥合作用,故无须过度强调"一把手"领导专业特征与履职特征。

延安文艺启蒙话语的构建
——塑造启蒙的自由主体

张祖源　上海大学

摘要：国内学界在研究启蒙概念时存在的突出问题是把"启蒙"的意义固化和限定,将欧洲意义上的"启蒙"当作唯一的向度,并用以解释中国的历史问题。欧洲启蒙的核心议题是新兴资产阶级和人民群众反对封建教权统治,这一议题进入中国之后产生了必要的转向。中国近代社会面临的矛盾等是多重矛盾斗争的复杂样态。这种特征使得欧洲意义的启蒙必然不能完全契合中国启蒙的现实社会需求。延安文艺启蒙在这种时候应运而生,以塑造启蒙主体自由属性的方式重塑了启蒙的中国模式,包含了对"五四"自由主义启蒙的吸收、对苏联文化观的辩证思考、对国民党文化逻辑的斗争三条逻辑线路,重新塑造了"大众"的学理意义。

论债权人拒绝受领标的物行为

喻　钊　中国政法大学

摘要：债权人于何种条件下可拒绝受领债务人给付的标的物,现行法律中并未明确阐明,由此就导致了理论上争议不断,实践中裁判口径不一。债务人不适约履行是债权人拒绝受领标的物的前提,而不适约的复杂性与多样性决定了债权人的拒绝受领行为不是非此即彼的,绝对化地界定债权人拒绝受领标的物行为不仅无法协调理论与实践的矛盾,也无法保护债权人与债务人的利益。对债权人拒绝受领是否具有正当性,应采取主客观相结合的方式进行判断,除显而易见的情形外,主观方面要考量在客观上看似不损及债权人利益,但主观上却会损害其利益的债务人履行行为;客观方面,亦须对拒绝受领进行适当的限制,以保持当事人之间权益关系的平衡。

李启汉工人运动思想探析

盛晓娜　　上海大学

摘要: 李启汉在中国共产党早期,参与了中国早期工人运动,不仅是上海工人运动的开拓者,也是广州工人运动的建设者。他在上海和广州的革命实践中,形成了独特的工人运动思想:在工人教育方面,他创办工人补习学校、编辑工人刊物、组织"五一"纪念大会等方式宣传马克思主义理论,培养工人阶级意识。针对工会建设,他主张以产业组合的方式建立工会,为工人运动提供组织保证。在工人运动的方针策略上,他强调建立内外联合战线,联合全国工人以及商界,共同反对帝国主义,从而取得了工人运动的胜利。

基于 CAPS 理论的档案文化传播中受众身份认同建构研究

——以哔哩哔哩网站《档案》纪录片为例

葛帅敏　　上海大学

摘要: 研究以 CAPS 理论为框架,通过对 B 站《档案》纪录片弹幕文本进行扎根理论分析,探索了档案文化节目受众身份认同的理论模型。研究结果表明,档案节目受众身份认同涉及认知、情感、行为三个维度,总体上遵循着"档案文化情境——认知情感单元——行为反应"的建构路径。"档案与身份认同"的研究探索了档案文化情境对受众身份认同的建构作用,呈现出受众身份认同的剖面图,提供了新的视角和新的方法,也为档案文化精品的打造提供参考。

《将军族》中"父"的缺席与变体

——怀乡、思亲和价值追寻

胡 凯 北京第二外国语学院

摘要： 20世纪50年代，全球冷战与海峡两岸的不往来格局在文学书写中反映出现实的民众处境。陈映真书写的《将军族》切实地描写了主人公三角脸与小瘦丫头在"父"这一伦理质素于家庭、国家层面的缺席后，被迫背离个人伦理位置的生存样态。研究以文本细读的方式，思考主人公是如何在这双重无"父"的结构下，回答怀乡、思亲和价值追寻的个人课题，并进而催生出含蓄、复杂的变体爱情。